小学生に英語の読み書きをどう教えたらよいか

Makiko TANAKA
田中真紀子 著

KENKYUSHA

はじめに

　本書は、英語の「読み」の基本を築くための指導法を解説した実用書です。小学校で教科として「読み書き」の指導を行うには、その土台となる文字の正確な「読み」ができなければなりません。このことは例えば、apple の a は /æ/, big の b は /b/ と読めることを意味しています。文字がスラスラ読める人は、文字を見て音声化し、意味に変換して、語句や文、文章の内容を読み取ります。文字をどんどん音声化することができないと、つかえてスラスラ読むことができません。つかえるとそこで語の読みに意識が奪われて、先に進めず、流れをつかみながら読むことができなくなります。

　子どもたちは、単語を見てすぐに意味に変換できるかもしれません。しかし、それは本当の意味で「読める」のではなく、語の意味を形から記憶しているに過ぎない場合があります。「読める」というのは文字を声に出して言う (sound out) ことができる能力を言います。また、正確に「読む」ことができないと、実際のコミュニケーションの場面で、聞き取れない可能性があります。相手の発話が聞き取れなければ、コミュニケーションに支障が出ます。それではコミュニケーション能力の育成につながりません。音が不正確では、語彙を習得することも難しくなります。

　本書は、子どもたちの英語の音に対する認識を高め、文字とつなげて、「読む」力の基礎を築こうとするものです。小学校の先生方が自信を持って読み書きの指導ができるようにわかりやすく解説しております。また、本書のアクティビティや言語材料を基にして、先生ご自身で授業プランを立てることも可能です。本書を利用して、子どもたちに「読める」喜びを与えてあげてほしいと思います。

　本書の作成にあたって、神田外語大学の高田シーナ君にイラストを描いてもらいました。また Edward Sanchez 氏に、イソップ物語のストーリーを日本の小学生向けにやさしく書き直してもらいました。お二人に心からお礼を申し上げます。

　最後になりましたが、本書の執筆にあたっては、研究社の松本千晶編集部員に大変ご尽力いただきました。この場をお借りして、感謝の意を表します。

2017 年 1 月

田中真紀子

はじめに —— iii
本書の構成・特徴・利用法 —— viii

小学生に
英語の読み書きを
どう教えたらよいか

目次

理論編

第1章 なぜ文字を教える必要があるか —— 2
- 小学校は文字を基盤にした教科学習の始まり —— 2
- 文字が果たす大きな役割 —— 3
- 小学校入学前にどれくらいの子どもがひらがなを読んだり書いたりできるのか —— 4
- 日本人の「読み」の能力は世界一 —— 5
- アメリカにおける「読み」の能力の現状 —— 7
- アメリカの科学的研究に基づいた読み書きの指導 —— 7

第2章 日本の小学校における英語教育 —— 10
- 「外国語活動」——音声と文字を切り離して教える教育 —— 10
- 小学校英語教育の現状 —— 11
- 子どもたちは文字を学びたがっている —— 12
- 小学校英語は2020年より「外国語科」として教科に —— 14

第3章 音素認識を高める必要性 —— 16
- 日本語における音素認識の学習 —— 16
- 英語における音素認識とは —— 17
- 英語が読めないのは何が原因か —— 19
- 音素認識を高めるための方法 —— 20

第4章 フォニックスとホール・ランゲージ —— 25
- フォニックス —— 25
  - 英語が読めるというのはどういうことか —— 26
  - フォニックスとその指導法 —— 27
  - フォニックス指導上の注意 —— 29
  - その他、英語を読めるようにするための工夫 —— 30
  - 「読める」ようにするための指導の方法 —— 30
  - サイトワードについて —— 32
  - 文字を書く指導の注意点 —— 32
  - 幼児が書く文字の特徴 —— 34
  - 書くことの指導手順 —— 35
- ホール・ランゲージ —— 37
- [コラム]「アメリカの授業風景」Mrs. Kownackiの「書く」指導 —— 39

iv

第5章 歌・体・絵本を使った文字指導 —— 40

- 歌を使った文字指導 —— 40
  - ナーサリーライム —— 40
  - チャンツ —— 42
- 体を使った文字指導 —— 43
  - 体を使った学習法 —— 44
  - ジェスチャーの効果 —— 44
- 絵本を使った文字指導 —— 47
  - 絵本の活用法 —— 47
  - 読みの過程を声に出す読みの指導法 —— 50
  - 読みを育成・強化する指導 —— 50
  - 「絵本を使った文字指導」のための10のポイント —— 52
  - どんな本を選んだらよいか —— 52
  - 簡単なオリジナルの絵本の作り方 —— 53

第6章 文字の読み書きの評価方法 —— 54

- 評価、目標、指導は三位一体 —— 54
- 評価の目的 —— 55
- 英語が教科(「外国語科」)となった場合の目標と評価 —— 57
- 「読むこと」「書くこと」の評価案 —— 58
- [コラム] 文字が豊富な教室環境 —— 63

実践編

第1章 音素認識を高める指導 —— 68

1. 私の指示に従いなさい —— 68
2. AそれともB? 聞いて違いがわかるかな? —— 69
3. この音で始まるのはどれ? —— 70
4. タッチ&カルタ取り —— 72
5. AそれともB? 単語の真ん中の音に注目! —— 73
6. 違うのはどれ? —— 74
7. Angry alligatorのカードを作ろう! —— 74
8. Angry alligatorの音は /æ/ /æ/ /æ/! を練習しよう! —— 75
9. /æ/ で始まる動物は何? —— 76
10. riceそれともlice? —— 76
11. 手を叩いて音節を確認しよう! —— 77
12. 音を入れ替えてみよう! 語頭の音に注目! その1 —— 78
13. 音を入れ替えてみよう! 語頭の音に注目! その2 —— 79

14. 音を入れ替えてみよう！ 語尾に注目！ —— 79
15. 音をつなげて単語を作ろう！ —— 80

第2章 フォニックスを使った読み書きの指導 —— 86

1. この英語は何て書いてあるのかな？ —— 86
2. ABCを読んでみよう！ —— 87
3. Aaの音は /æ/ /æ/ /æ/ —— 87
4. Aaは angry alligator の音 —— 88
5. アルファベット表を読んでみよう！ —— 90
6. この音で始まるのはどれ？ —— 91
7. AそれともB？ —— 91
8. サイトワードを読んでみよう！ —— 92
9. 単語を音節に分けてみよう！ —— 93
10. 単語を読んでみよう！ —— 93
11. ストーリーを作ろう！ —— 94
12. ポエムを読んでみよう！ —— 95
13. 文字をつなげて語を作ろう！ —— 96
14. アルファベットを書いてみよう！ —— 97
15. 単語を作ろう！ —— 97
16. どんな単語があるかな？ —— 98
17. 今日は何を書きたいですか？ —— 99
[実践例] —— 101

第3章 歌やチャンツを使った読み書きの指導 —— 105

1. ABC Song —— 105
2. The Letter Aa Sounds Like /æ/ —— 107
3. Angry Alligator —— 109
4. Old MacDonald Had a Farm —— 110
5. If You Think You Know This Word, Shout It Out! —— 111
6. Twinkle Twinkle Little Star —— 112
7. Row, Row, Row Your Boat —— 113
8. Rain-Rain Go Away —— 114
9. Did You Ever See a Lassie? —— 115
10. Mary Had a Little Lamb —— 116
11. The Farmer in the Dell —— 117

第4章 体で学ぶ読み書きの指導 —— 119

1. 空書き伝言ゲーム —— 119
2. 文字をタイプしよう！ —— 120
3. アメリカ手話を覚えよう！ —— 121
4. ASLカードタッチングゲーム —— 122
5. ASLカード並び替えゲーム —— 123
6. 体で表そう！ —— 123

7. ASLでABCを表そう！ ── 124
8. ASL神経衰弱 ── 124
9. 2文字子音を覚えよう！ ── 125
10. ASLで一週間の曜日を表そう！ ── 126
11. ASLで気持ちを表現しよう ── 127
12. 集中ゲーム ── 130
13. 粘土で文字を作ろう！ ── 131
［コラム］「アメリカの授業風景」授業運営 ── 134

第5章 絵本を使った読み書きの指導 ── 136

1. 誘導リーディング（guided reading）の方法 ── 136
   『キツネとカエル』── 136
2. 共有リーディング（shared reading）の方法 ── 140
   『パットの太ったネズミ』── 140
   『ウサギとライオンの動物パーティ』── 143
3. 絵本の読み聞かせ（storytelling）：イソップ物語 ── 145
   『アリとさなぎ』── 146
   『腹と仲間達』── 148
   『アリとキリギリス』── 150
   『ライオンとネズミ』── 152
［コラム］「アメリカの授業風景」読み聞かせからクラフトへ ── 156

第6章 その他の読み書きの指導 ── 157

1. カードやワークシートを使ったさまざまなアクティビティ ── 157
2. 単語を探せ！── 159
3. すごろく ── 162
4. 食事を注文しよう！── 162
5. 分類ゲーム ── 163
6. 知ったかぶりゲーム ── 165
7. ささやきチャレンジゲーム ── 165
8. 初めてのテキストメッセージ ── 167
9. 決戦ゲーム ── 168

付録

発音する際の口の形 ── 172
アルファベットの書き順 ── 176
All about me ── 177
キーボード ── 178
ASLカード（表面）── 179
ASLの動作 ── 180
ASLアルファベット指文字表 ── 182
ブランクシート ── 183
grid blank ── 184
Snakes & Ladders ── 185
メニュー ── 186
子どもたちに読んであげたい推薦図書 ── 187

参考文献 ── 189
索 引 ── 195

本書の構成・特徴・利用法

本書の構成

　本書は〈理論編〉と〈実践編〉の二部構成になっています。
　〈理論編〉では、文字を教える必要性と、文字を学習することの効果、そして読みの基本として「音素認識」を高めることの重要性と、音と文字の関係を教えるのに広く使われているフォニックスの指導上の基本ステップ、さらに、歌や体、絵本を使いながら音素認識や文字と音の関係を学ぶ際の理論的背景を解説しています。
　〈実践編〉は理論編に対応しています。実践編では、小学生が興味を持って楽しみながら文字の読み方を学べるように、具体的な指導方法がstep-by-stepで示されています。音素認識を高めるアクティビティ、フォニックスの具体的な指導法、歌を使って文字を教える方法、体を動かして文字を習得する方法、絵本を使った読みの指導法を、すぐに実践できるように解説しています。

本書の特徴

① 本書の実践編は、音声(「聞き取り」と「発音」)と文字(「読み」「書き」)の4技能を扱い、子どもたちが効率よく英語の読みを習得できるように構成されています。
② 英語音声の最小単位である「音素」の習得、簡単な3文字程度の単語の読みから、文や文章の読みまでできるように構成されています。本書は音素認識を高める「音素」レベルのアクティビティ、音と文字の関係を表すフォニックスの基本的な活動を通して、簡単な絵本が読める程度まで読みの力を伸ばすことを目的にしています。
③ 音素認識を高める活動は単調になりがちですが、本書は歌や体を使って、英語の音声に慣れ親しみ、文字と合わせてさまざまなアクティビティを通して楽しく学習できるように工夫されています。
④ 実践編 第3章「歌やチャンツを使った読み書きの指導」では、歌を発音とともに確認できるように、アクティビティにそれぞれYouTubeのURLがつけてあります。ビデオは、子どもの注意を引き興味を持続させるもので、音声が明確であり、画像が音声と対応していてわかりやすいものを厳選しています。これらは授業で使うことも可能です。
⑤ 本書は、手順通り進めることで授業ができるように工夫されています。また、ナーサリーライムやチャンツ、絵本の読み聞かせなどにおいてレッスンの流れや指導のポイントを記しましたので、それらを参考にして、先生方独自のアクティビティを

作成してください。
⑥ 本書には絵カードや絵本を作成するためのイラストをたくさん載せてあります。絵カードや絵本は、文字指導を行いながら子どもたちと一緒に作れるようになっていますので、ご活用ください。
⑦ 本書では小学校の先生が英語で授業ができるように、子どもたちに対する指示を日本語の訳をつけて英語で示しています。また、本書を使って指導することで、先生の英語力も向上できるようになっています。
⑧ 本書は、アメリカの子どもたちの読みのプロセスはどうなっていて、アメリカの幼稚園や小学校ではどのような読み書きの指導をしているか、コラムを設けて解説しています。実践できることがたくさんありますので、参考にしてください。

本書の利用法

　本書を利用するにあたっては、まず〈理論編〉を読んで、文字指導の理論的背景を理解してください。〈実践編〉を用いて実際に文字指導に当たる際は、必ず、音声を中心とした第1章「音素認識を高める指導」から始めて、それが終わってから、音声と文字を結びつける第2章「フォニックスを使った読み書きの指導」へと進んでください。第1章と第2章でアルファベットの「名前」と「音」を学んだら、第3章以降はどこから始めても構いません。第2章と並行して、歌や体、絵本を使ったアクティビティを行ってもよいです。アクティビティは、簡単にできるものからより難しいものへと順に進んでいますので、初めて文字指導を行う場合は、最初から始めることをおすすめします。
　毎回の授業の中で時間を少しだけ割いて、文字指導の活動を取り入れてください。例えば、本書のナーサリーライム（歌）やチャンツを使ったアクティビティを、授業の一部で行ってください。研究開発学校や、英語を教科として1年生から取り入れている特例校でも、また初めて5年生から英語を始める小学校でも本書を利用することができますが、学習する内容は各小学校のカリキュラムに合わせて、これまでの子どもたちの英語学習量（英語力、英語の知識）、学年（年齢）、クラスサイズに応じて、調節してください。

文字指導とは

　「文字指導」に関しては、解釈が一定しておらず、「書くこと」だとか、「AとかBとか読み方を教えること」と考えている教員が多いようです。本書では、共通の認識を持って同じ目標に向かえるように、文字指導を「アルファベットの名前と音の読み、そしてこれらの書きの指導、および基礎的な単語の読みと書きの指導」と定義します。

文字指導は小中連携の鍵であり、英語を体系的、系統的に教えていく上で欠かせません。音声だけでなく文字を教えることで、学習したことを整理したり復習したりできるようになるので、語彙の習得や英語を読む力など、学習の効果が期待できます。

　英語を指導する際は、意味や場面を意識して音声中心の活動を行い、フォニックスなどを通して文字を教える際は、意味を無視した規則の学習や機械的な繰り返しの練習にならないように注意してください。読んだり書いたりする際は、児童が興味を持ってのぞめるように、言語活動として意味のあるアクティビティ（思考力や推察力、分類や判断などの認知能力を高めたり、相手とのやりとりがあるものなど）になるように工夫してください。

　また、視覚、聴覚、運動感覚を使うこと、「音」（認識［＝聞いて理解］→ 発声［＝声に出す］）→「読む」→「書く」と4技能を扱うこと、子供が「気づき」を起こす活動であることなどに注意してください。

アルファベットの名前読みと音読み

　アルファベットの名前読みとは，ABCを /eɪ/ /biː/ /siː/ と読むこと、そして音読みとはABCを /æ/ /b/ /k/ と読むことです。アルファベットは名前読みだけでなく、音読みができなければ、英語を読めるようにはなりません。また正確な発音を身につけるためにも、きちんと音読みができる必要があります。本書では、いろいろなアクティビティを通して音読みを教え、子どもたちが簡単な単語や文章、絵本が読めるように指導する方法を解説しています。

レッスンの流れ

　授業は基本的に、次の3つのステップで構成することを考えてください。

- Step 1　**Pre-activity**　新しい学習内容につなげるための前回の復習、新しい内容を導入する前の興味づけ。質問などを通して子どもの興味関心を引き出す。映像を見せたり歌を聴かせたりして注意を集中させる。
- Step 2　**Activity**　新しい学習内容の導入。本編の活動。
- Step 3　**Post-activity**　学習内容のまとめ、復習。学習内容をふり返り、評価する。

発音と発音の表記について

　本書では、アルファベットの名前読みや音読みを、/eɪ/, /biː/, /siː/（名前読み）や、/æ/, /b/, /k/（音読み）のように、/ /（スラッシュ）の記号で表しています。この/ /は「音素（phoneme）」を表す記号で、/ /のように表すことを音素表記といいます。/ /は、個別の音素だけでなく、音素の連続にも使われます（例えば、/a/, /kæ/, /kæt/）。

　音素とは、個別言語の中で同じとみなされる音を表し、語の意味を区別する音声の最小単位をいいます。「個別言語の中で同じ」というのは、例えば、patやtopのpの音は、厳密には前者は有気音で、強い気息を伴い、後者は無気音で気息を伴わない音ですが、両者を入れ替えて発音したとしても意味は理解されるので、これらは個別言語の中で同じpの音とみなされるということで、/p/と表します。

　「語の意味を区別する」というのは、例えば、patのpをcやmに替えると、それぞれ意味が異なります（pat ＝ 軽くポンポンと叩く、cat ＝ ネコ、mat ＝ マット）。pやc, mは語の意味を区別するので別の音素で、/p/, /k/, /m/と表します。

　一方、人が発する言語音（speech sounds = phones）は、通常［ ］（角括弧）でくくって記述します。［ ］で表すことを、音声表記といいます。先のpatは厳密には［pʰ］と気息を伴う音であることを、小さなhを右肩につけて表します。［pʰ］は［p］の異音といいますが、このように調音方法によって詳細な発音表記をするので、［ ］で書かれた表記は精密表記といいます。それに対して/ /のほうは、簡略表記と呼ばれ、［pʰ］などの異音は表記上区別されず、1つの音素として/p/と表します。個別の音や音の連続は、［ ］に入れて示します（例えば、［a］, ［kæ］, ［kæt］）。本書では、発音は音素表記を用いています。またIPA（International Phonetic Alphabet: 国際音声字母）の表記を使って、一般アメリカ語（General American）の読み方を指導しています。

　辞書にはよく、［ ］で発音記号が記されていますが、簡略化した表記が使われていることがあります。一般的に、/ɪ/の音は/i/で、/ʊ/の音は/u/で、/ɛ/の音は/e/で代用されることが多いのですが、本書は、音素認識を高めることを目的としているので、これらは区別して表記しました。次ページの図で「英語の母音と日本語の母音の調音点」は「調音器官」の舌の部分を表しています。これを見るとわかるように、調音点（発音する箇所）がちょっとずつ違います。例えば、/iː/の音は口を狭めて舌の先端で発音しますが、/ɪ/の音は、それよりやや舌の下がったところで発音します。以下、アルファベットの各文字の読みを、それぞれ記しておきます。なお、個々の音素の発音の仕方に関しては、巻末の「発音する際の口の形」（p.172）を参照してください。

アルファベットの名前読み

Aa /eɪ/	Bb /bi:/	Cc /si:/	Dd /di:/	Ee /i:/	Ff /ɛf/
Gg /dʒi:/	Hh /eɪtʃ/	Ii /aɪ/	Jj /dʒeɪ/	Kk /keɪ/	Ll /ɛl/
Mm /ɛm/	Nn /ɛn/	Oo /oʊ/	Pp /pi:/	Qq /kju:/	Rr /ɑr/
Ss /ɛs/	Tt /ti:/	Uu /ju:/	Vv /vi:/	Ww /dʌblju:/	Xx /ɛks/
Yy /waɪ/	Zz /zi:/				

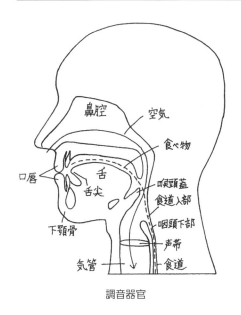

調音器官

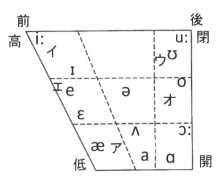

英語の母音と日本語の母音の調音点
（Ladefoged & Johnson, 2014；
今井, 2007 より作成）

※この図は人の舌の形を表しています。「前」に位置している音は舌の前の方で、「後」に位置している音は舌の後ろの方で発音します。「閉」は口をやや閉じ、「開」は口を大きく開けます。また、「高」は舌の高い位置、「低」は舌の低い位置で発音します。

クラスルーム・イングリッシュ（Classroom English）

　以下はTHINKと書かれたポスターと、クラスルーム・イングリッシュの例です。THINKのほうは見てわかるように、頭文字THINKで始まる語が書かれていて、子どもたちによく考えてから言葉を発するように注意を促しています。クラスルーム・イングリッシュのほうは、先生が使う表現と子どもたちが使う表現を載せてあります。授業を英語で進められるように、子どもたちにも以下の表現を教えてあげてください。また英語が豊富な教室環境を作るために、以下をポスターにして色をつけ、教室に貼ることをおすすめします。子どもたちが日本語で質問をしてきたら、ポスターの文字に言及

して、英語では何と言ったらよいか教えてあげてください。

ことばを口に出す前に考えよう。
T＝それは真実か（True）
H＝それは人のためになるか（Helpful）
I＝それは人を元気にするか（Inspiring）
N＝それは必要なことか（Necessary）
K＝それは優しい行為か（Kind）

　このTHINKということばは、英語圏の教育やビジネス上の警句として、また、ソーシャルメディアを活用する際の警告などとして幅広く使われているものです。出典は定かではありませんが、アラン・レッドパス（Alan Redpath）という人のことばのようです。

Classroom English

Teacher to the students (先生が子どもたちに使う表現)

Excellent!	素晴らしい！	Are you ready?	準備はいいですか。
Sit down!	座りなさい。	Be quiet!	静かに！
Let's start.	始めましょう。	Repeat after me.	後について言ってください。
Listen carefully.	よく聞きなさい。	Work in pairs.	ペアでやってください。
Open your books to page...	本の…ページを開いてください。	Have you finished?	終わりましたか。
Write... in your notebooks.	…とノートに書いてください。	Come to the board.	黒板のところに来てください。
Well done.	よくできました。	That's all for today.	今日はこれで終わりです。

Students to teachers (子どもたちが先生に使う表現)

Could you repeat?	繰り返してくださいますか。	Is it right?	これは正しいですか。
I don't understand.	わかりません。	How do you spell...?	…はどのようなスペリングですか。
Can you speak more slowly?	もっとゆっくり話してくれますか。	What page are we on?	今何ページですか。
I'm sorry I'm late.	遅れてすみません。	How do you pronounce...?	…はどのように発音するのですか。
How do you say... in English?	…は英語で何と言いますか。	What does... mean?	…はどういう意味ですか。
Can I go to the restroom?	トイレに行ってもいいですか。	I don't know.	知りません。

小学生に英語の読み書きをどう教えたらよいか

理論編

第1章 なぜ文字を教える必要があるか

　本書は、小学校での「英語」の文字指導について解説した本ですが、文字指導の重要性について、日本語の場合と合わせて考えてみたいと思います。そうすることで、日本語でも英語でも共通した文字指導の重要性や、子どもの文字の習得の特徴、そして効果的な指導の方法が見えてきます。

 小学校は文字を基盤にした教科学習の始まり

　小学校の門をくぐると、廊下、階段、教室と文字がたくさんあふれています。「ろうかは歩きましょう」「右側を歩こう」「きれいに使おうみんなのトイレ」「あいさつをきちんとしよう」「名前を呼ばれたらきちんと返事をしよう」「字をていねいに書こう」など、学校のきまりが階段や壁のあらゆるところに書かれています。小学校では規律ある学校生活を送るよう指導することが求められているので、学校のきまりを子どもに周知徹底させることが掲示の目的ですが、これらの掲示は小学校で文字を媒体にした教育が行われていることを意味しています。

　小学校に入学すると、幼稚園の時間割のない生活から、急に時間割で区切られた生活が始まります。「遊び」は幼児にとって重要な「学習」で、幼稚園では遊びを通して総合的な教育が行われますが（表1）、小学校に入ると学問の体系を重視した教科の学習が文字を通して始まります。小学1年生の教科書を見ると、表紙には、ひらがなで『あたらしいさんすう』『こくご』『あたらしいせいかつ』『ずがこうさく』『おんがく』などと書かれています。2年生の教科書には、漢字で『新しい算数2』『音楽2』と書かれています。ある1年生の算数の教科書を開いて見ると、「さかなつりで2ひきつりました。きゅうけいのあと もう2ひき つりました。つぎのひに 4ひきつりました。ぜんぶで なんひきつりましたか」と書いてあって、その下に数式2＋2＋4＝8で8ひきと書かせる問題があります。幼稚園までは道具を用いて足し算をしていたところ、小学校では文字を通して学

習が進められるようになるのです。文字が読めるようになることは教科学習に必須であり、文字を読めないと大きなハンディを背負うことになることがわかります。

同じことが英語に関しても言えます。文字が読めることは知識や理解の基盤として重要であり、文字が読めれば、たくさんの知識を吸収することができます。

表1 「幼児期の教育と小学校教育の接続について」(文部科学省)
「幼稚園・小学校教育の特徴(「違い」)」

〈教育の特徴〉

	幼稚園	小学校
教育のねらい・目標	方向目標 (「〜味わう」「感じる」等の方向づけを重視)	到達目標 (「〜できるようにする」といった目標への到達度を重視)
教育課程	経験カリキュラム (一人一人の生活や経験を重視)	教科カリキュラム (学問の体系を重視)
教育の方法等	個人、友達、小集団 「遊び」を通じた総合的な指導 教師が環境を通じて幼児の活動を方向づける	学級・学年 教科等の目標・内容に沿って選択された教材によって教育が展開

〈教育要領・学習指導要領〉

幼稚園	小学校	
	低学年	中・高学年
健康 人間関係 環境 言葉 表現	国語	国語
	算数	算数
	生活	理科
		社会
	音楽	音楽
	図画工作	図画工作
	体育	体育
		家庭
	道徳・特別活動	道徳・特別活動・総合的な学習の時間　等

(http://www.mext.go.jp/b_menu/shingi/chousa/shotou/070/gijigaiyou/__icsFiles/afieldfile/2010/06/11/1293215_3.pdf)

 ## 文字が果たす大きな役割

学校中に掲示されていることばは、規則を守らせること以外にもたくさんの効果があります。1つ目は、子どもたちが掲示物を常に目にするので、規則を忘れないというこ

と、2つ目は、先生が言わなくても掲示物を介して子どもたちに伝えることができるということ、そして3つ目は、子どもたちが日常的に文字（ことば）に触れることでことばを学ぶということです。つまり、掲示物には、記憶を促進する働き、情報の伝達、読みを促進する効果があります。教師はこのような効果を利用して、掲示物を通して子どもたちを教育しています。ある小学校では、「七転び八起き」「思う念力岩をも通す」など、ことわざや格言がふりがなつきで階段に貼ってあり、道徳教育の一環として子どもたちに努力することの大切さを教えています。教科書に書かれている文字が果たす役割も、基本的には同じです。教科書は文字を介してたくさんの知識を提供し、子どもたちは視覚的に内容を捉え、繰り返し見ることができるので記憶に残り、読むことで読む力が養われます。

英語の文字を教えることにも同じ効果が期待できます。文字で語を確認したり文字を書いたり、また文字を介してコミュニケーション活動をすることで、より記憶に定着します。学習の仕方（例えば、辞書を使って意味を調べるなど）を教えてあげれば、文字を介して自分で情報を入手できるようになります。そして文字に常に触れることは、言葉の習得にもつながります。

小学校入学前にどれくらいの子どもが ひらがなを読んだり書いたりできるのか

小学校に入学すると、教育課程が「教科カリキュラム」となって体系的に教育が展開されていきます。入学後スムーズに学習を遂行するために、小学校入学までにある程度文字が読めるようにしておくことが必須ですが、どれくらいの子どもたちが入学前にひらがなの読み書きができるのでしょうか。

国立国語研究所（1972）刊行の「幼児の読み書き能力」の研究報告書によると、5歳でひらがなが21字以上読める幼児は81.6％、60字以上読める幼児は63.9％だそうです。村石（1974）は「子どもはある程度の文字に触れ、学習能力ができると以後、豊かな文字環境が与えられれば、急速にかな文字を読みつくす」（p. 64）と述べていますが、20文字ほどのひらがなが読めるようになるとその後は、急速に残りのひらがなが読めるようになるといいます。首藤（2013）はちょうど20文字ほどのひらがなが読めるこの時期を、「仮名の発見期」（p. 257）と呼んで、この時期に一つひとつのひらがなが一つひとつの音節に対応しているという事実に気づくと指摘しています。また、「仮名の発見期」を通過すると「聴覚的な面では、語を音節[1]にまで分解して弁別抽出できるま

でになっており、視覚的な面では文字群を一つひとつの文字に分解して識別できるようになっており、かつその音節と文字を対応させることができる」(p. 257)ようになると述べています。書くことに関しては、5歳児の6割近く(59.0％)が、21文字以上のひらがなを正しい筆順で書けるという調査結果です。

ベネッセ総合教育研究所が2007年5月から2008年3月にインターネット上で行った、全国の5歳児以下の保護者4800人を対象とした調査では、小学校入学前にひらがなが「読める」子の割合は90％、「書ける」子の割合は76％ということです。2012年にベネッセ次世代育成研究所が行った調査では、かな文字を読める子の割合は、男子で92.1％、女子で97.7％という結果が出ています。このデータからも、就学前にほとんどの子どもがひらがなを読めることがわかります。

「仮名の発見期」と似たような現象は、英語を母語としてアルファベットを学んでいる幼児にも見られます。アルファベットが少しずつ読めるようになると、音に対する認識が深まり、音を分けたり組み合わせたりして別の語を作ることができるようになります。またこのような音の認識を深めることは、読みの前段階として非常に重要であることが科学的研究からわかっています(詳しくは理論編第3章を参照)。

日本人の「読み」の能力は世界一

さて、日本ではほとんどの子どもが入学前にひらがなを読めるということですが、日本人の識字率はほかの国と比べるとどうなのでしょうか。これを知る指標に、経済協力開発機構(OECD)が成人を対象に行ったリテラシー調査、「国際成人力調査」(PIAAC(ピアック): Programme for the International Assessment of Adult Competencies)があります。これは、24の国と地域で、約16万6000名の回答者が、コンピューターを用いて直接設問を解くことで、参加者の読解力(literacy)、数的思考(numeracy)、ITを活用した問題解決能力(problem solving in technology-rich environments)の3分野のスキルを測定した大規模な調査です。OECDでは、これらの3つの分野は、さまざまな社会的場面で活用されるスキル(キー・スキル: key information-processing skills)で、現代社会に生きる成人にとって、仕事や社会生活を営む上で欠かせないとしています。

---

1 音節とは、ある言語で、通常ひとまとまりの音として認識され、発音される単位。日本語では、かな一字が一音節に当たる。シラブル。

表2　16〜65歳の成人の読解力の国別平均点

順位	平均得点	国名
1	296	日本
2	288	フィンランド
3	284	オランダ
4	280	オーストラリア
5	279	スウェーデン
6	278	ノルウェー
7	276	エストニア
8	275	ベルギー
9	274	チェコ
10	274	スロバキア
11	273	カナダ
	273	OECD平均
12	273	韓国
13	272	イギリス
14	271	デンマーク
15	270	ドイツ
16	270	アメリカ
17	269	オーストリア
18	269	キプロス
19	267	ポーランド
20	267	アイルランド
21	262	フランス
22	252	スペイン
23	250	イタリア

（500満点中日本の平均点は296点で、OECD平均の273点を大きく上回り、参加国中第1位）

この中の読解力（literacy）は、「社会に参加し、自らの目標を達成し、自らの知識と可能性を発展させるために、書かれたテキストを理解、評価、利用し、これに取り組む能力」（literacy: "understanding, evaluating, using, and engaging with written texts to participate in society, to achieve one's goals and to develop one's knowledge and potential"）（OECD, 2009）と定義されています。2011〜2012年に16歳から65歳の成人を対象に行った調査では、日本の平均点は参加国中第1位で、次いでフィンランド（2位）、オランダ（3位）、オーストラリア（4位）、スウェーデン（5位）と続いています（表2）。この調査では、日本は平均得点においてフィンランドと統計的有意差があり、両国間に明らかな違いがあることを示しています。この結果は日本にとって誇り高い結果です。日本は学習到達度調査（PISA）[2]や、国際数学・理科教育動向調査（TIMSS）[3]でも上位に位置しています。これは学校教育の成果であり、これにより日本が質の高い学校教育を提供している国であることがわかります。

2　学習到達度調査（PISA: Programme for International Student Assessment）とは、OECD加盟国を中心に3年ごとに実施される15歳児の学習到達度調査。読解力、数学的リテラシー、科学的リテラシーの3分野について、これまでに身につけてきた知識や技能を、実生活のさまざまな場面で直面する課題にどの程度活用できるかを測る。
3　国際数学・理科教育動向調査（TIMSS: Trends in International Mathematics and Science Study）とは、国際教育到達度評価学会（IEA）が行う、小・中学生の算数・数学および理科の教育到達度と学習環境条件などの諸要因との関係を分析した国際比較教育調査。

理論編——第1章　なぜ文字を教える必要があるか

アメリカにおける「読み」の能力の現状

　ここで、OECD（2013）が成人対象に行った「国際成人力調査」のアメリカの結果を見てみましょう。アメリカのリテラシー調査の結果は24か国中16位で、OECDの平均を下回る結果となっています。アメリカでは、1985年に若年求職者向けのリテラシー調査（YALS: Young Adult Literacy Survey）、1992年には全国成人リテラシー調査（NALS: National Adult Literacy Survey）[4]が実施され、これらの大規模な調査から、低レベルのリテラシーの層の存在が無視できない状況にあることがわかりました（深町, 2014）。米国連邦教育省（U.S. Department of Education）が2003年に行ったリテラシーに関する調査（NAAL: National Assessment of Adult Literacy）[5]によると、アメリカでは、全人口の14％（3200万人）が読むことができない（'below basic'）という結果になっています。またこのbelow basicの中の55％は高校を卒業していません。この結果は10年以上前の1992年に行われた調査と変わりません。読み書きができないと経済的安定を確保できない上、健康管理や市民生活に参加するにも支障があるため、この結果はアメリカにとって、大きな問題となっています。米国連邦司法省（Department of Justice）では、学業不振と非行、暴力、犯罪は、読めないこと（reading failure）と関連していると主張しています[6]。アメリカでは刑務所に収監されている囚人の70％が4年生以上の読み書きのレベルがないということです[7]。彼らは読み書きができないので求職もできず、結局仕事を得ることができなくなり、生きるために犯罪に手を染めることになるわけです。

アメリカの科学的研究に基づいた読み書きの指導

　読み書きの能力に関してこのように大きな問題を抱えたアメリカでは、学校教育における学習についていけない児童・生徒をなくすことやリテラシー向上を目的としたリー

4,5　National Adult Literacy Survey（NALS）, National Assessment of Adult Literacy（NAAL）とは、成人の英語の読み書きを測定した調査（米国連邦教育省: http://nces.ed.gov/naal/kf_demographics.asp）

6　Reduced Recidivism and Increased Employment Opportunity Through Research-Based Reading Instruction.（米国連邦司法省, 1993: https://www.ncjrs.gov/pdffiles1/Digitization/141324NCJRS.pdf）

7　Literacy Behind Prison Walls.（National Center for Education Statistics, 米国連邦教育省, 1994）

ディング・プログラムが、全米規模、各州規模で多数存在します。米国連邦教育省が推進しているものだけでも、Early Reading First[8]やEven Start[9]、Reading First[10]など、さまざまなものがあります。

　これらのプログラムはブッシュ元大統領（第43代）が2002年に署名した「落ちこぼれ防止教育法」（NCLB: No Child Left Behind Act）の教育政策に基づいています。NCLBはアメリカにおける学力格差是正のための政策で、アメリカ合衆国の児童生徒が2014年までにその目標を達成することを義務づけた連邦教育法です。NCLBの元で実施される授業実践は、「科学的な読みの研究」（scientifically based reading research）の結果に基づいて、例えば、Early Reading Firstは、音韻認識（phonological awareness: rhyming, blending, segmenting[11]）、文字の認識（print awareness）、アルファベットの文字の知識（alphabetic knowledge）を中心に幼児の言語、認知、読みのスキルを高めることを目的にしています。Reading Firstでは、子どもが読めるようになるには、①音素認識（phonemic awareness）、②フォニックス（phonics）、③流暢さ（fluency）、④語彙（vocabulary）、⑤理解（comprehension）の5つの領域をマスターすることが必要だとし、その5領域を強化することを目的にしています。

　ここで重要なことは、読みの指導を科学的研究の成果に基づいた方法で行うよう推進していることと、その中に、音韻認識・音素認識（phonological/phonemic awareness）やフォニックス（phonics）の指導が含まれていることです。すなわち、音韻認識・音素認識やフォニックスは「科学的な根拠に基づいた読みの研究」により、その効果が実証されたことを意味しています。

　音韻認識・音素認識を強化する指導、そしてフォニックスの指導は、実際にアメリカの幼稚園および小学1年生の授業を見学すると、とても多いことに気づかされます。これらの指導に関しては米国連邦教育省のホームページにおいても、「親のためのリーディング指導法（Reading Tips for Parents）」というタイトルで英語、スペイン語の両

8　主に低所得層の家庭の低年齢の子どもたちへの支援を目的としたプログラム。

9　主に低年齢の子ども、成人、両親を対象としたプログラム。英語を母語としない外国人、先住アメリカ人、低所得家庭、十代の親、刑務所にいる女性などを対象にしている。

10　幼稚園児から小学3年生くらいまでを対象に、学校教育における読書指導に対する助成を行うプログラム。

11　rhyming: 単語の終わりの音に注目する。blending: 音をつなげて単語を作る。segmenting: 単語の音をばらばらにして音を数える。

言語で解説されています。そこには子どもの読みの力を伸ばすために親は何をすべきか、子どもにどのように読み方を教えたらいいか、「読み」を構成しているものは何かなどがわかりやすく説明されています。この詳しい内容は理論編第3章で紹介しますが、このようなプログラムの存在は、アメリカが読み書きに力を入れていることを示していると同時に、読みの基本として、音韻認識、音素認識、フォニックスの指導が重要であることを意味しています。

　前述のOECDのリテラシー調査では、日本人の読解力（literacy）が世界でトップであることを述べました。日本人の読解力の高さは、「社会に参加し、自らの目標を達成し、自らの知識と可能性を発展させる」ことを可能にしている能力であると言えます。一方、読みができなければ、この可能性を得ることができないことを意味するものです。もちろんこの調査は日本語での読解力に関するものですが、ますます国際化が進むグローバル社会では、国際共通語である英語に関しても同様のことが言えると考えられます。すなわち、英語の読み書きの力は、「社会に参加し、自らの目標を達成し、自らの知識と可能性を発展させる」ことを可能にする能力です。

　アメリカにおける科学的な読みの研究で成果が実証された音素・音韻認識、フォニックスの指導などを通して、小学校で英語の読み書きの基礎を築き、それを中学校の英語教育につなげ、高等教育でしっかり実力をつけることは、子どもたちの将来の道を広げ、自己実現を可能なものにしてくれると言えます。

第2章 日本の小学校における英語教育

「外国語活動」——音声と文字を切り離して教える教育

　本章ではまず、日本の小学校の「外国語活動(英語)」の現状を見てみることにしましょう。2011年より5,6年生に必修となった外国語活動(英語)の目標は、新学習指導要領に以下のように述べられています(文部科学省, 2009, 2015)。

> 外国語を通じて、言語や文化について体験的に理解を深め、積極的にコミュニケーションを図ろうとする態度の育成を図り、外国語の音声や基本的な表現に慣れ親しませながら、コミュニケーション能力の素地を養う。

　「外国語活動」という名の下に行われている現行の英語教育では、文字に関しては「音声によるコミュニケーションを補助するものとして用いる」、「アルファベットの活字体の大文字及び小文字に触れる段階にとどめる」とあるように、文字の指導は触れさせる程度しか推奨されていません。「小学校英語活動実践の手引き」(文部科学省, 2001)の中には、「中学生が英語学習で抵抗を示すのは文字」だからという懸念により(野呂, 2004)、「音声と文字とを切り離して、音声を中心にした指導を心がけることが大切」と述べられています。以降、これまで小学校英語での文字導入には消極的な態度がとられてきました。小学校で文字を教えると、子どもが英語嫌いになると思っている教員も多く、実際文字をどのように指導したらいいかわからないのが現状です。文字を教えたいと思っても、外国語指導要領には、アルファベットの読みの指導法も、それを基点とした英語の読み・書きに至る道筋も明確に示されていません。文字の扱いや指導に関して、小学校の先生が戸惑いを感じるのは当然です。

小学校英語教育の現状

　2012年度小学校外国語活動実施状況調査の結果によると、小学校5,6年生の7割が「英語が好き・どちらかといえば好き」「英語の授業が好き・どちらかといえば好き」と答えており、文部科学省は「小学校では、コミュニケーションの素地を養うという観点で、外国語活動を通じた成果が出ている」と述べています。2014年度の実施状況調査でも同じような数値です。以下は、2014年度の調査結果による子どもたちの英語に対する意識です。

> ① 小学校5,6年生、中学1年生の約9割が「英語が使えるようになりたい」と思っている。
> ② 小学校5,6年生の8割以上が「英語の勉強が大切」だと思っている。
> ③ 中学1年生の8割以上が「アルファベットを読んだり書いたりすること」が中学校の英語の授業で役に立ったと回答している。そして、8割が「英語の単語・文を読むこと・書くこと」をしておきたかったと思っている。

　このデータでまず大切なことは、子どもたち自身が英語の勉強が大切で使えるようになりたいと思っているということです。英語力をつけたいという願望があり、英語の勉強の必要性を感じているということです。英語をもっと使えるようになりたいと思う気持ちは、英語や英語の授業の楽しさ、英語を好きと感じる気持ちからかもしれません。子どもたちに英語の楽しさを体験させ、英語を好きにさせた小学校教員の功績は非常に大きいと思います。

　一方で、課題も出てきています。文部科学省があげている点は以下の通りです（文部科学省, 2014）。

> ① 体系的な学習を行わないので、児童が学習内容に物足りなさを感じている。
> ② 中学校において音声から文字への移行が円滑に行われていない。

　文部科学省（2014）は「グローバル化に対応した英語教育改革の五つの提言」の中で「小学校高学年は、抽象的な思考力が高まる段階であるにもかかわらず、外国語活動の性質上、体系的な学習は行わないため、児童が学習内容に物足りなさを感じている状況が見られる」と述べています。「物足りなさ」というのは教員側の感想ですが、特に

高学年の児童にとっては、英語を読むことも書くこともできない、英語が好きでできるようになりたいが、英語がわかるという実感がない、歌やゲームは楽しいけれども、英語が身についている感覚がないといった不満足感ではないでしょうか。

2014年の小学校外国語活動実施状況調査の結果には、「英語の授業の内容を理解していると思うか」という問いに対して、小学校5,6年生で「理解している」と回答している子どもは、65.2%と出ていますが、中学1年生では57%に下がっています（中学2年生では48.9%）。小学校で理解していないという子どもは、何が理解できていないのか明確ではありませんが、理解ができない理由の1つは、勉強したことを整理したり、ふり返ったり、強化する手段となる文字をきちんと教えていない、音声だけの英語授業にあるのではないでしょうか。

また、中学校で文字をきちんと読めない、正しく発音できないという現象は英語を聞いたり書いたりすることに影響し、結果として中学校でも「理解できない」という「つまづき」の現象を作り出しているのではないでしょうか。文字が読めないこと、文字を正しく発音できないことはそのまま、英語を聞くこと、そして書くことに影響してきます。基礎が築かれていないと、学習したことは構築されません。文部科学省があげている課題の2つ目に、中学校において音声から文字への移行が円滑に行われていないとありますが、小学校で文字を扱わず、中学校から文字を導入して、いきなり文字が読めるようにはなりません。読めるようにするためには、初期の学習から段階を追って、読むための指導をする必要があります。

 子どもたちは文字を学びたがっている

文部科学省は2004年の小学校の英語教育に関する意識調査で、児童が英語活動にどれくらい満足しているか質問していますが、「英語活動が嫌い」と答えた児童が嫌いな理由としてあげた項目でいちばん多かったのは「英語を読むことがうまくできないから」（50.4%）です（文部科学省, 2014）。その子どもたちは、もし英語を読むことができたら英語を嫌いにはならなかったかもしれません。

英語や英語の授業が好きと答えている子どもに関しては、文字を授業で扱わないことが好きな理由の1つだとは考えにくいです。筆者が2011年に千葉県内の小学5年生68名に行ったアンケート調査では、「もっと英語を読めるようになりたいか」という質問に対して、全体の96%が「少しそう思う」あるいは「とてもそう思う」と答えています。また、「先生に英語の読み方をもっと教えてほしいか」という質問に対しても、全体の

91％が「少しそう思う」あるいは「とてもそう思う」と回答しています。別の小学校で行ったこれとは別のアンケート調査でも、子どもたちは、

> 「文字を読むのははじめてなのでおもしろかった。」「単語の読み方を覚えるのがおもしろかったです。」「もっとたくさんの単語を読めるようにしたいです。」「とても楽しく学習することができた！英語の文字を読むことができよかったしまなびたい。」「文字の読み方を勉強している時に、これから英語がよめると思うととてもわくわくした。」(コメントは原文どおり)

と答えています。文部科学省の報告でも、先進的な事例で、高学年に読み書きを系統的に指導する教科型の外国語教育を導入したところ、児童の外国語の表現力、理解力が深まり、学習意欲の向上が認められたとあります（文部科学省,2014）。

「音声に慣れ親しませながらコミュニケーションの素地を養う」ことは、ことばの習得に欠かせない過程です。しかし一方で、文字の指導を排除してしまうのは、ことばの習得を促進することにはつながりません。文字を扱うと英語嫌いが増えると懸念するあまり、文字を扱わないことがかえって理解に支障をきたし、英語嫌いを招くことも考えられます。

ひらがなの勉強でも4,5歳の子どもが、自分の名前を表すひらがなを読めるようになり、ひらがなを組み合わせてことばが作れるようになると、それを楽しんで読むようになります。組み合わせて集めたことばで子どもに手紙を書いてあげると、子どもは読みたいので一生懸命読もうとします。英語が母語の5歳の子どもも、文字が読めるようになると子どものほうから大人にお話を読んであげようとします。書くことも同じです。おじいちゃんやおばあちゃんに手紙を出すのに、一生懸命文字を書きます。

子どもは興味や欲求があれば文字に興味を示します。読んだり書いたりしたい気持ちが英語になると無くなってしまったり、小学校で教えるのは早すぎるということはありません。大切なのは指導の方法です。子どもたちが興味を持ち、読んでみたい、書いてみたいという欲求を引き出せるような指導をすれば、子どもたちはそのような活動を通して自然と学んでいきます。

日常生活には文字があふれています。日常生活の中で馴染みのあるものの名前や記号に目を向けさせたり、自分の名前を書いたりして文字に触れさせることが大切です。文字が読めるようになると、今まで耳だけで記憶していたものが目でも記憶できるようになります。また、文字を読むことができれば、ことばや思考の世界が広がります。

小学校英語は2020年より「外国語科」として教科に

　文部科学省は、2016年8月、英語を教科として小学校に導入することを正式に公表しました(朝日新聞, 2016年8月)。これにより、小学校3, 4年生に「外国語活動」が導入され、5, 6年生では英語が教科に格上げされ、「外国語科」として英語教育が始まることが正式に決定しました。中学年は「活動型」の外国語活動を週1コマ導入することでコミュニケーション能力の素地を養い、高学年では「教科型」の英語教育を週2コマ導入することで、コミュニケーション能力の基礎を養うことを目的としています(表3)。

　文部科学省では高学年において、「中学年から中学校への学びの連続性を持たせながら、4技能を扱う言語活動を通して、より系統性を持たせた指導(教科型)を行う」としています。外国語活動の中では、「触れさせる程度に」と指示していた文字の指導ですが、2020年からは「読む」「書く」の指導が、本格的にカリキュラムの中に導入されるようになります。

表3　「外国語活動」と「外国語科」の相違

		2011〜2019	2020〜
3, 4年生		------------------------------	・週1時間の「外国語活動」(活動型)
		------------------------------	・コミュニケーションの素地を養う
5, 6年生		・週1時間の「外国語活動」(教科以外の教育活動)	・週2時間の「外国語科」(教科型)
		・音声中心 ・体験的な活動として慣れ親しむ	・「聞く」「話す」「読む」「書く」の4技能を扱う ・系統的・体系的な学習
		・コミュニケーションの素地を養う	・コミュニケーションの基礎を養う

　このように目標が決まってくると、それに準じて教材も開発されますが、現在、教科書が整備されるまでの間、試行的に活用されている補助教材は、中学校との円滑な接続を意識して、「アルファベットの文字や単語の認識、日本語と英語の音声の違いやそれぞれの特徴、文構造への気付きを促す指導ができるようなもの」ということです。教科となったら文字の指導は避けて通れません。新学習指導要領では、「4技能で統合的な活動」をすることが求められていますので、文字の指導は聞いたり話したり、読んだり書いたりする活動の中で行われることになります。

　英語を教科にすることで、まず子どもたちの読みたい、書きたいという欲求を満たしてあげることができます。子どもたちが物足りなく感じることも、体系的に読み書きの指

導を行うことで解消され、理解も促進するものと考えられます。そして何よりも、読みの基本を築くことができるので学習がはかどり、言葉の世界や思考の世界も広がることが期待されます。指導の方法を工夫することで、中学校の英語教育へと連携もスムーズに行われることと思われます。

　ただ、文部科学省も小学校での英語教育の目的を「小学校の発達段階に応じた『読むこと』、『書くこと』に慣れ親しみ、積極的に英語を読もうとしたり、書こうとしたりする態度の育成を含めた初歩的な運用能力を養うこと」（文部科学省有識者会議, 2014年8月8日）としているように、発達段階に合った指導をすることが重要です。

　「発達段階にあった指導」に関しては、2つの側面を考える必要があると思われます。1つは5, 6年の児童が対象なので幼稚すぎないこと、2つ目は、中学校の前倒しの演繹的な授業にならないようにすることです。

　まず1つ目の、幼稚すぎないことですが、基礎的な数字や形、色、文字の名前の読み方などは、母語であれば通常幼稚園児が学習する内容なので、これらを教える指導法も幼稚になりかねません。しかし、小学校5, 6年生と小学校入学前の幼児とでは、認知の発達レベル（理解力や推測力、思考力、記憶力などを始め、ものを分類したり、体系化したりする認知能力のレベル）が大きく異なります。内容（what）が初歩的だと、指導法（how）も幼稚になりがちですが、そうなると英語学習は刺激がなくなり、児童は飽きて興味を失うことになってしまいます。また、学習内容としても思考力の育成につながりません。したがって、指導案やアクティビティを考える時は、子どもたちの思考力を伸ばす可能性を考慮に入れた活動をすることが必要です。

　2つ目の、中学校の前倒しの演繹的な授業にならないようにするというのは、中学校での指導法をそのまま小学校に持ち込まないということです。小学校は基本的に、体を動かしたり、歌を歌ったり、図画工作を取り入れたりするなど、体験を通して学ぶことを重視しています。文字の学習においても、小学校だからこそできる活動をたくさん取り入れ、教師が一方的に教えるのではなく、子どもが見たり聞いたり実際にやってみたりすることで気づきを起こす指導、すなわち帰納的な指導を考えることが重要です。

第3章 音素認識を高める必要性

　文字が読めるようになるには、その土台となっている音素認識（phonemic awareness）を高め、文字と音の関係を学ぶ必要があります。音素認識とは、英語の音素を聞き、操作することができる能力で、この能力は読み書きに欠かせません。本章では、英語の音素認識について正しく理解するために、まず日本語の例を見て、その後、英語の音素認識を高めるための指導のステップ、そして、指導上のポイントを具体的に説明します。なお、音素認識の指導は、次の章で述べるフォニックス（phonics）の指導とは異なります。音素認識は、文字の読みに入る前にまず「音」に対して敏感な耳を養おうとするもので、文字と音の関係を学ぶフォニックスの指導の前に行う活動です。

日本語における音素認識の学習

次のお母さんと子どもの会話を見てください。

例1）　母：「さきちゃんの「さ」はさとし君の「さ」と同じだね」
　　　子：「さくらんぼも「さ」だよ」
　　　母：「「さ」から始まるのはほかに何があるかな？」

例2）　母：り・す
　　　子：すいか
　　　母：か・ぶ・と・む・し

　例1では、お母さんは子どもに、さきちゃんの「さ」、さとし君の「さ」、さくらんぼの「さ」はみんな同じ「さ」の音であることを教えています。そしてその「さ」の音で始まる別

のことばを考えさせています。

　例2は、お母さんと子どもがしりとりをしているところですが、子どもは、「りす」の「り」と「す」の音を切り離して、それぞれが異なる音であることがわからないと、「す」がつくことばを言うことはできません。また、お母さんは子どもの「すいか」に続いて、「か」・「ぶ」・「と」・「む」・「し」と一つひとつ切り離して言っていますが、これは音の区切れを明確にするためです。

　このお母さんがしていることは、まさに日本語の音素認識を高めるためのことば遊びです。お母さんは、このような遊びを子どもとの会話の中で毎日繰り返し、じきに、ひらがなを見せながら「これがさきちゃんの「さ」よ。さとし君の「さ」もこれだね」と教えていると思われます。お母さんが「か・ぶ・と・む・し」と1文字1文字リズムをつけながらゆっくり発音することで、子どもは、かぶとむしが、●●●●●と5つの音からなることを学びます。

　音素とは、それ以上分解できない音の最小単位です。日本語の場合、「さ」(/sa/)という音は /s/ と /a/ という、これ以上切り離せない音が合わさってできています。この /s/ や /a/ が音素と言われるもので、/ / で囲まれた音は音素であることを示しています。音素認識というのは、例えば、「さ」(/sa/) の音は、「か」(/ka/) の音や「た」(/ta/) の音と違うという、音に対する認識です。「かぶとむし」が5つの音からなるというのは音節（シラブル：syllable）に関する知識です。「りす」から「すいか」と続けられるのは、「す」を使った、また別の音との組み合わせ、すなわち音の操作ができるということです。

　「認識」ということばが頻繁に出てきましたが、「認識」とは「知っている」ということと同義です。したがって、「音素認識がある」というのは、「あ」(/a/) の音が、例えば「い」(/i/) の音とは異なる音素であることを知っているということです。また「音素認識能力を高める」というのは、「音素を正しく認識する能力を高める」ということです。

　以上は日本語の例ですが、英語でも読みに至るまでの基本は同じです。ただ英語の場合は、日本語のひらがなやカタカナと違って、1つの文字に1つの音というように1対1対応になっていないのでちょっと複雑です。また英語は発音が日本語と異なるので、教える側（教師）は正確な発音でモデルを示せなければなりません。個々の音素の発音の仕方に関しては巻末にイラストつきで載せてありますので参照してください (p.172)。

英語における音素認識とは

　英語のアルファベットには26文字ありますが、この26文字で音素は44〜52種類あ

ります。日本語で「ラム酒」「ラム肉」と言いますが、英語では前者は rum, 後者は lamb (小羊肉)です。また、ram は (去勢しない) 雄羊で、RAM は random-access memory (即時呼び出し記憶装置) の頭字語です。Lum とするとラムという人名です。日本語なら一言「ラム」で済むところ、英語では /l/, /r/, /æ/, /ʌ/ という音が相互に組み合わさって、スペリングも r だったり l だったりと異なります。そして何よりも、rum と lamb, ram, Lum は発音のしかたですべて意味が異なるのです。英語では、rum と書いてあれば /rʌm/, lamb と書いてあれば /læm/, ram と書いてあれば /ræm/, Lum と書いてあれば /lʌm/ と読めなければならないのです。英語の読みを習得するのは、英語圏の英語を母語とする子どもにとっても大変なのですが、この1つを例にとってみても、/l/, /r/, /æ/, /ʌ/ の音は日本語には存在しないので日本人にとっては非常に難しいことがわかります。

　先に、「りす」から「すいか」を作るしりとりの例で、「り」と「す」が別の音であることがわからないと、「す」で始まる語を探せないことを説明しました。英語の場合は、例えば、ram は、r-a-m と3つの音素があり、この3つの音を切り離すことができないと、ことばの一部を操作して map や mat とすることができません。

　英語の音素認識とは「音素を聞いて、操作する能力」です。/r/ と /l/ はまったく別の音素であるという認識で、/r/ と /l/ を入れ替えて別の語を作ることができる能力です。音素認識の大きな単位で音韻認識ということばがありますが、これは「話しことばの音声構造を知っていること」で、具体的には「音節やオンセット・ライムなど、大きな単位の音を聞き、操作する能力 (the capability to hear and manipulate large units of sound, such as syllables, onsets, and rimes)」(Settlow and Jacovino, 2004) を意味します。オンセット (onset) というのは、最初の母音の前に来る子音のことを言います。ライム (rime) は語の最初の母音と、その後に続くすべての文字です。例えば、post なら p がオンセット、ost がライムです。

表4　オンセットとライムの例

オンセット	ライム
p	ost
c	ost
h	ost
l	ost
m	ost
fr	ost

　音韻認識とは、例えば、cat (c-a-t) は3つの音、mat (m-a-t) にも3つの音、nest (n-e-s-t) には4つの音があるという認識や、これらの音を足したり、入れ替えたりして操作すること (例えば、c と b を入れ替えて bat という語にしたり、bat の t を取って g と入れ替えて bag にしたり、また mat に e を加え mate としたりすること) ができる能力です。また、上記にあげた語は1つの音節からなりますが、tiger は2つの音節 (ti・ger)、elephant は3つの音節 (el・e・phant)、 alligatorは4つの音節（al・li・ga・tor）からなる（「・」は音節の区切れを表します）とわかることも音韻認識に含まれます。

　音素・音韻認識を高めることの必要性は、アメリカで行われた科学的研究調査（scientifically based reading research）の結果に基づいています。アメリカでは1997年、議会がアメリカ国立小児保健発達研究所（NICHD: National Institute of Child Health and Human Development）に対し、全米リーディング委員会（National Reading Panel）を招集し、子どもの読みに関するさまざまな指導法を科学的に研究するよう要請しました。委員会はこの大規模調査の結果「音素・音韻認識の能力、そして音と文字に関する能力が子どもの将来の読み書きの能力を決定づける」という報告を提出し（National Reading Panel, 2000）、アメリカ政府はこの結果に基づいて読みの指導を強化するよう通達しました。これを受け、全米の幼稚園および小学校で、音素・音韻認識を高める指導、そしてフォニックスの指導が全面的に導入されることになりました。理論編第2章で述べた米国連邦教育省の読書プログラムはこの研究調査に基づき、音素認識を中心とした読みの指導を導入し、強化することを目的にしたプログラムです。

　音素認識能力を高める必要性は、他の研究でも明らかにされています。例えば、3年生以降よく読めるようになるかどうかは、まだ読みができない子どもの音素認識能力を調べれば予想でき（Good, Simmons and Kame'enui, 2001 ; Torgesen, 1998, 2004）、また、読みがよくできない子どもの80％は音韻認識の能力が欠けていて、そういう子どもはスペリングもよくできないという結果が出ています（Cassar, Treiman, Moats, Pollo and Kessler, 2005）。

　これらの研究は、音素認識能力がその後の英語学習に大きく影響することを示しています。また、未知の語に関して、正しく発音できる能力があれば、音声規則に従って新出語彙を円滑に学習できるので、語彙力が向上してくると言われています。文字を見て発音することができなければ、その音を記憶にとどめておくことができません。

英語が読めないのは何が原因か

　日本の英語教育の現場では「中学生が英語を読めない」とよく耳にしますが、英語を読めない学習者は、英語の音素に関する認識が欠けているために音声化できないことが原因です。例えば、catを「キャット」とカタカナ読みをするような場合は、aが /æ/ という音であるという認識がありません。またtも「と」ではなく、/t/ であるという認識に欠

けています。duckのuを /ʌ/ と読み、ckの読み方がわからなければ、duckを /dʌk/ とは読めません。文字と音の対応がわからないので「読めない」のです。

　また、読めなければ、この単語を覚えておきようがありません。字の形だけで「アヒル」と意味を覚えることはできても、duckを音で聞いた時には何のことかわかりません。もちろん、この語を口に出して使うこともできません。したがって、英語を教える際は「単語の発音を教える」というよりも、英語の文字と音を対応させて、音素の正しい発音を教えることが必要です。そうすれば、catを「キャット」とは読まないことがわかるし、duckもどのように読むのかがわかるようになります。

　英語では、d の音、u の音、ck の音など、それぞれの音素の認識を高める必要があります。また duckが読めるようにするためには、duckの最初は /d/、次は /ʌ/、最後は /k/ と頭の中で素早く音声化する必要があります。それができないと、語に出くわす度につまずいてしまい、なかなか先に進めなくなります。多くの語に関してこのようなつまずきがあると、英語がスラスラ読めないという現象が起こります。したがって、英語をスムーズに読めるようにするために、まず正しく音を認識すること、すなわち音素認識を高める必要があります。

音素認識を高めるための方法

　それでは、音素認識を高めるための方法を見てみましょう。英語の音素認識を高める訓練として行われているステップは以下の通りです。しかしこの順番で行わないと読めるようにならないというものではありません。また授業時間全部を使って行う必要もありません。せいぜい10分から15分程度で、教室内の活動の中で行うのがよいとされています (Perez, 2008)。また、長く行えば行うほどよいというものではありません。音素認識を高めるアクティビティは、単元の一部でコミュニケーション活動に入る前の語彙の指導で行ったり、歌を歌ったり、チャンツをしたり、ナーサリーライムを扱ったり、読み聞かせをするときなど、その都度内容に関連させながら導入します。

　なお、以下のステップには、単語を音節に分けることや、文字を入れ替えて別の単語を作ることなど、音韻認識を高める指導も音素認識を高める指導の一部として含まれています。

Step 1　音素の違いを教える

　個々の音素の違いを認識させます。/f/, /v/, /l/, /h/, /r/, /s/, /z/, /ʃ/, /ʒ/, /θ/, /ð/,

/w/, /j/ などの継続音（continuant sounds: 声道を閉じないで収縮させて発音する音）は、/b/, /d/, /g/, /k/, /p/, /t/, /tʃ/, /dʒ/ などの閉鎖音（stop consonants: 呼気が遮断される音）より、音が継続する分聞き取りやすいので、継続音（特に /s/, /f/, /h/, /r/, /l/ など）で始まる語が出てきたら、それらの音を先に意識して教えます。継続音を教える時は、"sssssssnake" というように音を引き延ばして聞かせると、その音に意識を向けさせることができます。一方、閉鎖音を教えるときは、"t-t-t-t-tiger" というように音を素早く繰り返します。

＜指導で使う表現例＞
- What sound do you hear? ffff（どんな音が聞こえますか？ ffff）※正解＝/f/.
- What sound do you hear this time? d-d-d-d-d-d（今度はどんな音が聞こえますか？ d-d-d-d-d-d）※正解＝/d/.
- What word am I trying to say? ssssss …i …t.（どんな語を言おうとしているのかな？ ssssss …i …t）※正解＝sit.

Step 2　単語の始めの音に注目する

単語の始めの音（アリタレーション（alliteration）：頭韻＝語頭の音の繰り返し）に注意をうながします。

＜指導で使う表現例＞
- What is the first sound in cat?（catの最初の音は何?）　※正解＝/k/.
- What word begins with /æ/?（/æ/で始まる語は?）　※正解＝appleなど。
- Angry alligator sound says …?（angry alligatorはどんな音?）　※正解＝/æ/.

Step 3　単語の終わりの音に注目する

単語の終わりの音（ライム（rhymes）：脚韻＝最後の音の繰り返し）に注意をうながします。

＜指導で使う表現例＞
- What is the last sound in cat?（catの最後の音は何ですか?）　※正解＝/t/.
- Do these sounds rhyme: fox, box, fit?（fox, box, fitは韻を踏んでいますか?）　※正解＝fitはほかの2つと韻を踏んでいない。
- Name the pictures out loud. Find two that rhyme.（大きな声で絵の名前を言ってください。終わりの音が韻を踏んでいるのはどの2つですか?）　※正解＝foxとboxなど。

| Step 4 | 単語の真ん中の音に注目する |

単語の真ん中の音（類韻（assonance）＝語の中の母音の繰り返し）に注意をうながします。

＜指導で使う表現例＞

- What is the middle sound in cat?（catの真ん中の音は何ですか？） ※正解＝/æ/.
- Is there a /æ/ in cat?（/æ/の音はcatに入っていますか？） ※正解＝入っている。
- Where do you hear the /æ/ in cat? At the beginning, in the middle, or at the end of the word?（catの /æ/ の音は、はじめ、真ん中、終わりのどこですか？） ※正解＝真ん中。
- What is another word that sounds like bat?（batと同じような音の語はほかに何があるかな？） ※正解＝mat, pat, catなど。

| Step 5 | 単語を音節で分ける |

音節（シラブル：母音のグループ）は、英語の正しいリズムを身につける時や、後になってスペリングを習得する際に重要です。音節の構造がわかると、例えばfab → fabulous, pel → compel, com → accomplishというように、より長い語を綴れるようになります。また音節に関するいくつかのルールを把握すると、スペリングのパターンもわかるようになり、例えば、rifleはriが開音節（母音で終わる音節：open syllable）で、iは長母音なのでfは1つだけれど、ruffleはrufが閉音節（子音で終わる音節：closed syllable）なのでfは2つになる、ということもわかるようになります（Moats, 2002）。

音節の分け方には次のルールがあります。

音節の分け方のルール

> ① 子音が2つ続くときは、それを切り離す（例：rab|bit, com|pare）。ただし、ph /f/ やch /tʃ/ など、2文字で1つの音素の場合を除く。
> ② 子音の前の母音が長母音（アルファベットの【名前】読みするもの）の場合、最初の母音で区切る（例：o|pen, fe|ver, fa|mous, si|lent）。
> ③ 子音の前の母音がアクセントのある短母音（アルファベットの【音】読みするもの）の場合、次の子音で区切る（例：hab|it, hon|est）。
> ④ 子音の前の母音がアクセントのない母音は、その母音で区切る（例：se|lect）。
> ⑤ 母音が2つつながっていて二重母音でないときは、その間で区切る（例：be|ing）。
> ⑥ 複合語（compound words）はそれを形成する語で区切る（例：sun|shine, room|mate）。

⑦ 接頭語の後で区切る（例：pre|view）。
⑧ 接尾語の前で区切る（例：mo|tion, kind|ness）。
⑨ 子音の後にleが続く場合は、後ろから数えて3つ目で区切る（例：ta|ble, peo|ple, lit|tle）。ただし、-ckleで終わる語（例：pickle）には適用されない。

＜指導で使う表現例＞
・How many syllables do you hear in this word?（この語の中に音節はいくつあるかな?）

Step 6

① 音の入れ替え（blending）の練習

音の入れ替えは、語頭、語尾、語中の順番で難しくなっていきます。語頭では、まず、「子音と母音」のパターン（例：ba, ma, pa, ta）、次に「母音＋子音」のパターン（例：at, it, up）、次に「子音＋母音＋子音」のパターン（例：cat, red, dog）の順に扱います。

例えば、語頭の「子音と母音」のパターンの場合、/b/と/æ/を組み合わせるとどうなるか質問し、子どもたちが/bæ/と答えたら、「それでは/b/を/m/に変えると?」というように組み合わせを変えていきます。また3文字で行う場合は、「/b/と/æt/をつなげるとどうなるかな」（※/bæt/（bat）となる）、「それでは/b/の代わりに/k/にするとどうなるかな」（※/kæt/（cat）となる）というように音の入れ替えをします。

② 音をつなげて単語を作る

音素をつなぎ合わせて子どもたちが知っている語を作ります（例えば、「/k/と/æ/と/t/をつなげるとどんな単語になるかな」と質問し、catを答えさせる）。

＜指導で使う表現例＞
・It starts with /k/ and ends with /æt/, put them together, and it says ...（/k/の音で始まって、/æt/で終わる語で、これを合わせるとどんな語になる?）※正解=cat.
・Put /b/ instead of /k/ in cat. What is the word?（catの/k/の代わりに/b/を入れると、どんな語になるかな?）※正解=bat.
・Put these sounds together to make a word——/k/, /æ/, /t/.（/k/, /æ/, /t/の音をつなげるとどんな語になるかな?）※正解=cat.

最初に述べたように、音素認識は、「音」に対して敏感な耳を鍛えようとするもので、音と文字の関係を学ぶフォニックスの指導の前に行う活動です。しかし音素認識は常に文字と切り離して行うべきというものではなく、文字を認識できるのであれば両方を

融合させる指導法がよいとされています。前述の全米リーディング委員会の報告(National Reading Panel, 2000)でも、音素認識と同時に、文字を教えることが非常に重要であること、また文字を使って教えるほうが、文字を使わずに教えるよりも読みやスペリングの学習に効果が大きいことが述べられています。

文字指導の基本はアルファベットの文字の【音】(/æ/, /b/, /k/ など)に対する認識を高めることです。音声を中心にたくさんの英語(動物や果物、スポーツを表す英語など)を聞いて英語に慣れ親しみ、徐々に文字の読み方を教えます。アルファベットの文字の【名前】の読み方(ABCは/eɪ/, /biː/, /siː/)を教え、それらは /æ/, /b/, /k/ と読むことを教えます。小学校教員の多くは、3年生でアルファベットの【名前】、5年生で【音】を教えるのがよいと考えているようですが(田中 and 河合, 2016)、アルファベットの【名前】の読み方だけでなく、【音】を教えないと本当に「読める」ようにはなりません。

第4章 フォニックスとホール・ランゲージ

 フォニックス（phonics）

　子どもの英語の読み書きを促進するためのアプローチには、フォニックス（phonics）とホール・ランゲージ（whole language）と呼ばれるものがあります。ホール・ランゲージに関しては後述しますが、フォニックスは文字と音の関係を教えて、正しく「読み書き」ができるようにする指導法です。

　フォニックスは、90年代後半の読みに関する科学的な研究の結果に基づいて、全米の小学校で取り入れられています。第3章でも述べたように、1997年、米国議会が国立小児保健発達研究所（NICHD: National Institute of Child Health and Human Development）に対し、子どもの読みの能力に関してさまざまなアプローチを研究調査すべく、全米リーディング委員会（National Reading Panel）を招集することを要請したのがその発端です。さまざまな指導法を科学的研究に基づいて調査し、結果として、フォニックスの指導が読み書きの能力を向上させるのに欠かせないという趣旨の報告書を議会に提出しました。

　以来、フォニックスを用いた指導法は、アメリカの子どもたちの読み書きの能力を向上させるための指導法として、中心的な役割を担うことになりました。アメリカの小学校教員を対象に行われたアンケート調査では、63％がフォニックスの指導を行うべきだと考えており、89％がフォニックスを文学やことばの豊富な活動（language rich activities）に組み入れて行うべきであると答えているということです（National Reading Panel, 2000）。

　アメリカに限らず、英語を第一言語とする国々では、国語教育でフォニックスを導入して、文字と音の規則を身につけさせ、英語を早く読めるように指導しています。日本では日本語の読み書きを学ぶ際、ひらがなにいろいろな読み方があって、その音の規則を学ばなければひらがなが読めるようにならないということがないので、フォニック

スの重要性は認識しにくいかもしれません。しかし、ひらがなの1文字1文字をどう読むのかわからなければ、「さくらんぼ」も「かぶとむし」も読めないことを考えれば、アルファベットの文字と音素の関係を学ばなければ、英語を読めるようにならないことは理解できるでしょう。

英語が読めるというのはどういうことか

　日本の小学校の研究授業や英語の授業を見学に行くと、先生が子どもたちに大きな声で英語をリピートさせている光景を目にします。その後子どもたち同士のコミュニュケーション活動が始まって、子どもたちにアプローチする機会があるときに、いつも必ず聞いていることがあります。それは黒板に貼られた絵カードの下に書かれた文字が読めるかどうかです。多くの子どもが「読めない」と答えますが、読み方を教えていないので、それは仕方ありません。しかし中には「読める」と答える子どもがいます。「どうして読めるの？」と聞いてみると、「英会話スクールで教わっているから」とか「何となく」と子どもは答えます。

　英会話スクールに通っている子どもは、音を文字と対応させたフォニックスの指導を受けているのかもしれません。しかし「何となく」と答える子どもは本当に、「読める」のでしょうか。「何となく」と答える子どもは、おそらく本当の意味では読めてはいないと思います。この子どもたちは、絵カードを見ながら先生の後について繰り返して言っているうちに、その語の形がイメージとして記憶に残り、読めている気がしているだけなのです。この子たちはdogを読めても、dotにしたり、文字をひっくり返してgodにしたりすると読めません。

　同じようなことは日本語を学習中の幼児にも見られます。あいうえおの「あ」は読めるのに、「あざらし」となると「あ」が読めません。形から「あいうえお」と読んでいるので「あざらし」となると読めなくなるわけです。また、絵本を持ち出してページをめくり、はっきり声に出して読むのですが、子どもは文字を1字1字たどって音声化しているわけではありません。絵本を読んでいるように見えますが、実際は文字を読んでいるのではなく、読み聞かせてもらった内容を覚えていて、それを口に出しているだけなのです（首藤, 2013）。

　英語を読めるようにするためには、文字がどう発音されるのかわからなければ読めません。英語を書く場合も、その語がどんな音で成り立っているかわからなければ書くことができません。catが読める人は、cは /k/ と発音し、aは /æ/, tは /t/ と発音すること

を知っています。catと聞いて、c-a-tと書ける人は、この語が /k/, /æ/, /t/ と3つの音からなることを知っていて、それぞれの音をc-a-tと綴ることができます。文字は音を表しているという規則は「アルファベットの原則（alphabetic principle）」と言いますが、読み書きができるようにするためにはこの原則を知る必要があります。

　英語が読めるようにするためには5つの領域を教える必要があると言われています。1つ目は第3章で扱った「音素認識（phonemic awareness）」、2つ目はこれから紹介する「フォニックス（phonics）」、3つ目は「なめらかな読み（reading fluency）」、4つ目は「語彙の発達（vocabulary development）」、そして5つ目は「読解ストラテジー（reading comprehension strategies）」です（米国教育省ホームページ）。「なめらかな読み」は書かれている語を正確にそして素早く読み取る能力で、それができないと読んでいる内容を理解することができません。読みが遅い人は、文章を理解することではなく、語の読みに注意が奪われてしまいます。「語彙の発達」は、話し言葉、書き言葉ともに語彙を増やすこと、そして「読解ストラテジー」は、書かれた内容を理解するために必要な能力です。本章では、第3章の音素認識に続いて、フォニックスについて解説します。

フォニックスとその指導法

　フォニックスは、音と文字の関係を表した読み書きの指導法の1つです。正確に発音ができ、語が読めるようになるために必要な指導法です。フォニックスの指導において、決まったやり方や順序、いちばん効果的な方法というのはありません（National Reading Panel, 2000）。例えば指導法には、以下に述べる例のようにさまざまな方法があります。

① 文字を教えるのはabcの順序ではなく、a, m, t, p, o, n, c, d, u, s, u, g, h, i, f, b, l, e, r, w, k, x, v, y, z, j, qの順に教えるのがよい。
② 文字は【名前】読みから入るのではなく、【音】から教える。つまり、ABCは /eɪ/, /biː/, /siː/ からではなく、/æ/, /b/, /k/ から教えた方がよい（Ledson, 2003）。
③ アルファベットは小文字から教え、次に大文字を教える。
④ 文字は活字体ではなく、筆記体から教えるのがよい。

①に関しては、語の出現頻度からの見解で、英語にはaやm, tを使った語が多いと

いう理由によるものです。さらに、bやdなど混乱が起きやすいものを離して教えるという考えがあります。②に関しては、ABCを読めても、実際に語が読めるようになるわけではないので、【名前】読みではなく、先に【音】を教えた方がすぐに読めるようになるという考えに基づくものです。また③は、読みによく出てくるのは大文字ではなく小文字だからという理由です。④は活字体では書く際にbやdが混同しやすいことと、筆記体から教えればこれらを混同することはないし、書き順も間違えないという理由によるものです。

　これらは、英語圏で幼稚園前の子ども、幼稚園児、小学1年生を対象にしたフォニックスの指導で、基礎的な英語が「読める」ようにすることを目的としています。しかし、例えば②に関して、読むことだけでなく、書き方も同時に教える場合は、アルファベットの【名前】読みも教える必要があります。「catの最初の文字は？」と聞いて、c (/siː/)と答えられなければ学習が進みません。書くことで読みも習得されるので、アルファベットの【名前】読みを教えることは大切です。

　また子どもがよく聞く「ABCの歌」には【名前】の読みが出てきます。したがって、【名前】読みから入り【音】を学習するのは自然な流れであると考えられます。ただし、【名前】読みだけ先に（例えば小学3年生で）教え、【音】はずっと後になってから（例えば小学5年生で）教えるというのでは、英語を「読む」能力は5年生までつきません。理論編第3章で見てきた通り、読みの指導はまず、（文字を抜きにした）アルファベットの【音】の指導から入ります。名前から入ったとしても、すぐに【名前】と【音】を結びつけて教えることが重要です。

　それでは③の、大文字から始めるべきか小文字から始めるべきかに関してはどうでしょうか。確かに、より多く出てくるのは小文字のほうです。一方、大文字は形を認識しやすいので覚えやすいです。私が推奨するのは、両方を隣り合わせで教えるという方法です。bやd, pやqは混同しやすいのですが、文字の習得には字の形がとても重要な役割を果たしているので、形を際立たせるために、Aa, Bb, Dd, Pp, Qqと一緒に並べて目にしていれば混乱が少なくなります。またBbを教えるときは、「右を向いているBb」、Ddを教えるときは「向かい合っているDd」と形に言及しながら教えるとわかりやすくなります。右か左か混乱する場合は、Ddは「向かい合っているDd」と覚え、bはそうではないと覚えておけば、bをdと書いてしまうことはありません。PpやQqもそれぞれ「右を向いているPp」、「向かい合っているQq」と教えます。また「qは数字の9と同じ向き」と覚えれば、pと混同することはありません。

　①の文字を教える順番はどうでしょうか。日本語の場合を思い出してください。「さ

きちゃん」の例では、あいうえおの順番ではなく、自分の名前からです。実践編第2章、実践例❶（p.101）で紹介しているアメリカの幼稚園の授業でも、名前を中心にアルファベットを教えています。

　アルファベットの【名前】読みを教えるときに、子どもたちの名前から入るのは良いでしょう。子どもたちにとって自分の名前を英語でどう書くのかを知ることができて、とてもエキサイティングな経験です。しかし、日本人の名前は英語のアルファベットの音素とは発音が異なるので、アルファベットの【音】の習得にはつながりません（例えば、さきちゃんのsaに使われるaは「あ」であって、/æ/ではありません）。

　文字の【音】の読みは、毎回単語の勉強をするたびに少しずつ行います。例えば、動物の名前に関する勉強をしていて、catが出てきたら、「/si:/ /k/ /kæt/ でcは /k/ と読むんだったね」と指で文字をさしながら、【名前】読みと【音】読みを一緒に教えます（アルファベットの【名前】読み、【音】読みの基本は、実践編第3章の"The letter Aa sounds like /æ/,""Angry Alligator alphabet song"を参照）。これを毎回行っていると、cが出てきた時（例えば、can, camera, campなど）に、「/si:/ /k/ /kæt/ のcだから /k/ と読む」ということがわかってきます。

　フォニックスの指導は、新しい語彙を導入する時や、歌、チャンツ、読み聞かせ、その他さまざまなアクティビティの中に組み入れながら、少しずつ行うのが良いとされています。アメリカでは幼稚園前から少しずつ始めて、小学校の3年生になって完全に習得すべきものととらえられています。日本の小学校でフォニックスを扱う場合は、小学校での学習時間を考え、AaからZzまでの【名前】読みと【音】読み、文字を入れ替えて語を作ったり、3文字程度の単語を読んだり書いたりできるレベル（英語圏では小学校1年生レベル）を教えるだけでよいでしょう。これだけでも英語の正確な発音の基礎が身につき、読みの基本が形成されます。

フォニックス指導上の注意

　以下に、フォニックスを使ってアルファベットの読み書きを教える場合の注意点をまとめておきましょう。

① 音素認識を高める練習をして、音に十分慣れてから文字に入る。
② アルファベットの【名前】読みと【音】読みを一緒に教える。
③ 先生は正確な発音のモデルとなるようにする。

④ 絵カードには文字を入れて子どもの目に触れるようにする。
⑤ 文字を読むときは読んでいる文字を指しながら文字に注目させる。
⑥ 教室で語を扱うときは、語頭のアルファベットの【名前】読みと【音】読みを必ず扱う（例えば、cupのcを指して「これはc (/siː/), /k/, catのc (/siː/) だね。だから /k/ と発音するんだったね」と確認する）。
⑦ アルファベットの【名前】読みと【音】読みは、普段のカリキュラムの中で、歌を歌ったり、チャンツをしたり、読み聞かせをするときにも必ず取り入れる。
⑧ 文字を読むと同時に、書くこと（書写）も取り入れる。
⑨ elephantやchantsなど2つの文字で1つの音を作ることや、phを /f/、chを /tʃ/ と発音することは、これらの語が登場した時、そのつど教える。

その他、英語を読めるようにするための工夫

① 授業で扱った英語は教室に体系的に整理して貼り、英語が豊富な教室（language rich classroom）環境を作って常に子どもたちの目に触れるようにする（コラム「文字が豊富な教室環境」（p.63）の写真を参照）。
② アルファベット表、フォニックス表、クラスのルール、カレンダー、時間割、勉強した表現やナーサリーライム、ポエムなどを教室に貼って、子どもが日常的に英語に触れられ、また常に授業で参照できるようにする（コラム「文字が豊富な教室環境」（p.63）の写真を参照）。
③ 先生が常に教材を用意するのではなく、カードの作成などは文字の学習活動の一部に取り入れ、作成の過程で文字の指導を行う工夫をする。
④ 英語の本だけを並べたセクションを図書館か教室の一角に設け、子どもが英語の本に触れることができるようにする。
⑤ 英語辞書を何冊か教室に置いておく。子どもが自分で意味を調べることや、英語で何と言うか知る機会を提供する。

「読める」ようにするための指導の方法

　以下は読み書きができるようにするためのステップです。フォニックスの指導では、理論編第3章「音素認識を高める必要性」で説明した指導の方法Step 1からStep 6に文字を導入することになります。この手順を使った具体的なアクティビティは実践編で紹介します。なお、音素認識の手順と読み書きの手順に言及する際、前者は数字、後

者はアルファベットで示しています。

> Step A　身の回りの英語に目を向けさせ、文字に慣れ親しませる

　身の回りには日常品や菓子類、広告や看板など、英語があふれているので、子どもが見慣れたものを活用します（実践編第2章を参照）。

> Step B　アルファベットの【名前】読みを教える

　YouTubeのビデオを見せながらアルファベットを教える場合は、どの文字を読んでいるのかわかるように、音声に対して文字が1文字ずつ映像に出てくるものを選ぶようにしてください（実践編第2章を参照）。

> Step C　アルファベットの【音】読みを教える

　理論編第3章「音素認識を高める必要性」Step 1からStep 6の指導手順を、文字を見せながら行ってください（理論編第3章を参照）。

Step 1	音素の違いを教える
Step 2	単語の始めの音に注目する
Step 3	単語の終わりの音に注目する
Step 4	単語の真ん中の音に注目する
Step 5	単語を音節で分ける
Step 6	① 音の入れ替えの練習、② 音をつなげて単語を作る

> Step D　「書く」ことを取り入れる

　アルファベットの文字をワークシートやノートに書いてみます。最初は先生がアルファベットの書き方を示し、子どもたちが書写します。その後、先生が発音する文字の【名前】を聞いて書く練習をします。文字を書き写す練習や、聞き取って書く練習をしたら、次に3文字程度の単語を書き写す練習をします。

> Step E　3文字程度の語を中心に、文章やポエム、また絵本を読む

　3文字の語が読めるようになったら、意味のある文章やポエム、絵本を読んでみます。フォニックスのルールを適用した本（phonics book）や児童書がたくさん出版されている（巻末p.187を参照）ので、先生がそれを読んで聞かせます。またそれらを子どもたちが読んでみます。先生が読み聞かせをする際、文字を指で指しながら、ストー

リーを読んでいきます（実践編第2章の実践例❷（p.103）を参照）。

サイトワード（sight word）について

英語には、フォニックスのルールに当てはまらないものがあります。そのような語は、目で見てそのまま覚えるしかないので、サイトワードと呼ばれています。サイトワードのサイトとは視覚（sight）という意味です。

サイトワードは、幼稚園前の子どもから小学3年生用と、それぞれレベルごとにリストになっていて、よく知られているものにドルチ・ワード・リスト（Dolch Word List）がありますが、この中には、児童書に頻繁に出現する語や、絵で表しにくい語も基本語として含まれています。アメリカの小学校では、学年ごとに覚えるべきサイトワードとフォニックスのルールの両方を学習しています。これらを学習することで、早く本を読めるようにすることが目的です。

ドルチ・ワード・リストは、1930年代にエドワード・ドルチ（Edward Dolch）により作られたもので、名詞を除いた220の単語で構成されており、Dolch 220 Listとも呼ばれています。名詞はこれとは別に95語あります。

このリストは"Dolch Word List"とインターネットで検索すればすぐに出てきますが、日本の小学校では必要でないと思われるものも含まれているので、ここでは、日本の小学校で覚えておきたい基本的なサイトワードをまとめておくことにしましょう。以下のような語を扱う場合は、「これはこのまま見て覚えよう」と指導してください。

主なサイトワード

> a, after, am, an, and, any, are, ask, at, black, brown, can, do, eat, fly, for, from, give, go, good, have, has, he, her, here, him, his, how, I, in, is, it, know, let, like, live, look, me, my, new, no, now, old, on, open, over, play, please, pretty, put, round, see, she, so, some, stop, take, thank, the, them, think, this, to, today, up, we, walk, want, when, what, white, yes

文字を書く指導の注意点

以下は、フォニックスのルールを適用しながら、書く指導を行う際に注意する点です。

① 先生が書き方のモデルを示す

　文字を書くことを読みの指導に取り入れることは、読みの習得を補助することにつながります。文字を読みながら書き、書きながら読む練習をすることでその両方が効率よく習得されます。

　書くときは、書き方を子どもたちに見せることから始めます。実践編第2章の実践例❶(p.101) の Mrs. Sniegowski のクラスでも見られるように、先生は、アルファベットの【音】を聞かせながら、書き順に注意し、左から右へ、そして語の区切れには指が2本くらい入る隙間を作り(実際に子どもに指を置かせます)、最後にはピリオドをつける、という書き方のルールを教えます。子どもは先生の書き方を見て学ぶので、先生の書字は正確で、きれいである必要があります。

　アメリカの幼稚園では、コンピューターのフォントでいうと、Comic Sans を使って指導します。実際に使うと「Comic Sans」のようなフォントになります。Comic Sans はサンセリフ体(サンは「ない」という意味)のフォントで、文字に飾りがついていません。同じ「Comic Sans」を Century というフォントで書くと「Comic Sans」となりますが、これを見てわかるように、文字の書き始めや終わりに飾りがついています(このような文字をセリフ体と言います)。また、Century の a の文字は Comic Sans の a とは形が異なります。

　幼児や児童にとっては、サンセリフのフォントのほうが文字の識別が簡単だとされ、字形指導では Comic Sans の字体が教えられています。実践編第2章の実践例❶❷(p.101, 103)でも、ともに Comic Sans が使われています。しかし実際の文字はいろいろな書き方がありますし、また小学校5, 6年生は幼児ではないので、セリフ体の Century なども少しずつ取り入れていくとよいと思われます。

② 書き順を教える

　文字を書くとき、子どもたちは b や d, p や q の向きを反対にしてしまい、よく間違えます。また、アメリカで文字を学習している子どもの中には、b でも f でも i でもすべて下から上に向かって書く子どもがたくさんいます。しかし、下から上に向かって書くのでは、文字を速く書けないので、高学年になってノートを取るときなどに不都合になります。

　アメリカでは正しい文字の書き方を教えるときや、また、文字を素早くなめらかに書けるようにするために、書き順を教えます。しかしアルファベットのブロック体には、決まった書き方や正しい書き順というものはありません(本書では、アメリカの学校で広く教えられているものを例として巻末(p.176)に載せています)。アメリカでは、先生は書き方の指導の際"Let's write b in the air."(b を空中に書いてみよう)と言って、"Start from the top to the bottom. Go up again and make a curve on the right."（上から始めてー、下へ行きまーす。また上に上がってー、右側にカーブの線を書きましょう）と書き順を口に出しながら、子どもたちに空中に文字を書かせたりします。これを空書きと言いますが、先生は必ず書き順を口に出しながら文字を教えます。書き順は、文字の形をきちんと認識させ、正しく書けるようにするための手段として教えてください。

書き順を英語で説明するときは、以下のYouTubeを参考にするとよいでしょう。

① 大文字の書き方：
How to Write Alphabets A to Z for Children | A–Z alphabets for Kids | 3D Alphabet Songs by 3D Alphabet Songs
https://www.youtube.com/watch?v=9dN8YZbWbnM

② 小文字の書き方：
How to Write Alphabets a to z | small alphabets for Kids | 3D Alphabet Songs by 3D Alphabet Songs
https://www.youtube.com/watch?v=8ubypojBR-s

幼児が書く文字の特徴

以下の"Animals that I love"と書かれたワークシートを見てください。これは、アメリカの幼稚園のクラスで行われた、自分の好きな動物を英語で書こうというアクティビティで、子どもたちが自分の好きな動物5つを書いたものです。左側のワークシートでは1～3までの数字が、右側は4が、鏡文字（字形が本来の形と対照的になっている文字）になっています。左は1番から、Dogs, Cats, Fox, Cheetahs, Penguinsと、右は1番から、COW, MOUSE, Pig, GERAFFE, Lionと書いたようです。

子どもたちは音を聞いてそのまま書いているので、スペリングは正確ではありません。英語を英語圏で学んでいる子どももこのような間違いをします。しかし、この段階では音を聞いてその文字が書けるかどうか（音と文字の対応ができているかどうか）が大切なので、先生は、注意したり書き直させたりはしません。

"Animals that I love …"（私の好きな動物は…）

日本のある小学校の研究授業で、母音を（　）内に書いて埋めるクイズを行っていた6年生のクラスでは、baseball は「b（e）s（u）b（o）ll」に、table tennis は「t（e）bl（u）tennis」になっている例をたくさん見ました。よく見ると、/eɪ/ を e と書いています。日本語では /eɪ/ は「エー」となって「ベースボール」、「テーブルテニス」と言うことと、「エー」だから e とローマ字を当てた結果であると思われます。

　もし、a を /eɪ/ と読むことがわかっていて、baseball を正確に音から学習していたら、/beɪ/ だから（　）の中は a が入る、とわかったかもしれません。

　このクイズで正解を求めるのであれば、先に a には /eɪ/ と読む場合（【名前】読み）と、/æ/ と読む場合（【音】読み）があり、basketball, badminton, track and field などの a は /æ/、baseball, table tennis などの a は /eɪ/ と読む、ということを教える必要があります。

　一方、母音にはいろいろな読み方があることに気づかせることがクイズの目的なら、答え合わせの際は、音素の正確な読み（日本語では「エー」だけど、英語では /eɪ/ と発音し a と書くこと）を教える必要があります。そうすることで、「ベース」ではなく /beɪs/ と正確な発音の習得ができ、スペリングも正しく書くことができるようになります。なお、ball に関してはフォニックスのルールは当てはまらないので、そのまま見て覚えさせるしかありません。

書くことの指導手順

　「書くことは、abc とどのようにつなげて指導したらよいか」とよく質問されますが、書くことはやはり音素の正確な読みを教えることから始まります。文字カードなどを用いて、まず音素をしっかり教えます。

> 手順 1 　書写を通して、文字の書き方と書き順を学ぶ

　先生がアルファベットの【名前】読み（例：/eɪ/, /biː/, /diː/ など）を正確に発音しながら、書き順に注意して文字を板書します。子どもたちはそれをノートに書き写します。

　まずは大文字を書かせ、隣に小文字を Aa と隣あわせで書かせることをすすめます（具体的な指導法に関しては、本章の「フォニックスとその指導法」（p.27）を参照）。

> 手順 2 　3文字程度の語をノートに書き写す

　先生が、3文字程度の語を、語頭の文字と音、語中の文字と音、語尾の文字と音をていねいに発音しながら黒板に書き、子どもたちにノートに書き写させます。

> 手順3　単語の文字を入れ替え、いろいろな語を作ってみる

catのcをmやpに入れ替えるとどんな語になるか、子どもたちと一緒に考え、正確に発音をしながら書きます。

> 手順4　サイトワードはそのまま書き写して覚える

サイトワードは文脈の中で、見て書き写すことで覚えます。

> 手順5　自分の好きな食べ物やスポーツなどを、例に従って書く

I like 〜 . などの文章例を示し、それに従って書くようにします。単語は、リストから自分に当てはまるものを探して書き写すやり方を取れば、難しい活動ではありません。

　子どもたちが書いた文は、作品として壁に貼り、クラスのほかの子どもたちが見られるようにしたり、本の形にしたりして、授業あるいは個人で繰り返し学習できるようにします。本の形にする場合は、それぞれのページに絵を描き、タイトルをつけ、著者名として自分の名前を英語で本の表紙に書きます。穴を開けて紐やリボンを通し、本を完成させます。

　時間がないとか、子どもはここまでできないと思いますか。日本のある小学校では、4年生以上の児童が毎年イギリスの小学校とクリスマスカードの交換を行っているそうです。クリスマスカードを作成することが可能であれば、本を作成するのは難しくありません。

　書く内容は、自分の好きな食べ物、好きなスポーツなど、学習したことをまとめて*About Me*などとタイトルをつけ、バインディングするだけで完成します。それを友達と読み合えば、お互いにどんなことに興味を持っているのか知ることができます。また、子どもに、読んだ*About Me*の「本」の内容を紹介するといった活動も可能です。*About Me*に書く内容のサンプルを、巻末（p.177）に掲載しているので参照してください。

　ちなみに、この小学4年生の子どもたちは、自分宛に届いたクリスマスカードを「本当にうれしそうに」読み、「書くこと」に対して大変意欲的に取り組んでいるということです。この活動について報告している小学校教員は、クリスマスカードを書いて、相手に何かを「『伝えたい』という気持ちは子どもたちを自然に『書くこと』に誘うようである」（小番, 2016）と述べています。子どもたちに和英辞書を使うように強くすすめたわけではないのに、自ら調べる子どもも増えたそうです。こうした子どもの本質的な「書きた

い」という気持ちは大切にしたいものです。

ホール・ランゲージ（whole language）

　フォニックスが、アルファベットの音素とその組み合わせを基にしたボトムアップ（部分から全体）的な読み書きの指導方法であるのに対し、ホール・ランゲージは、言語を使ったさまざまな活動の中で、意味を中心にトップダウン（全体から部分）的に読み書きを教えることを目的とした指導法です。

　ホール・ランゲージにおける読み書きのアプローチの背景には、言語は、本や文字情報に触れ、文脈の中で読み、理解することで、全人的（holistic）に学ぶべきものだとする考えがあります。したがって、言語を使ったさまざまな活動には、教科横断的な内容や、絵や図工、クラフトなどの活動が含まれています（コラムで紹介しているMrs. Evansの授業（p.156）には、ホール・ランゲージ的な部分が多く含まれています）。フォニックスと一見対極的なアプローチですが、ホール・ランゲージでもフォニックスのような音の指導が行われています。

　米国教育省は全米リーディング委員会の明示的で体系的なフォニックスの指導（explicit systematic phonics instruction）を行ったグループのほうが、そうでないグループよりも読みの成績がよいという結果（National Reading Panel, 2000）の報告を受けて、明示的体系的にフォニックスの指導を行うよう、全米に向けて指示しています。しかし、小学校の現場ではフォニックスの指導を行うと同時に、ホール・ランゲージで推奨されている絵本を使った読みの指導なども、大変多く行われています。

　文学作品などをたくさん読むことは、ホール・ランゲージで最も推奨されていることです。小学校低学年の教室の一角には、libraryやreading centerなどと呼ばれる図書コーナーがあって、子どもたちがいつでも絵本を読めるように、レベル別絵本（graded reading）がたくさん置いてあります（コラム「文字が豊富な教室環境」の写真（p.64）を参照）。子どもには好きな本を持って帰らせ、家で親に絵本を読んでもらうように指導しています。

　教室では毎日必ず、子どもたちに絵本の読み聞かせをして、語彙力や思考力をつける指導を行っています。絵本の読みの指導では、先生が子ども全体に対して本を読み聞かせることや、5名程度の子どもたちが先生の机に来て、順番で先生と一緒に絵本を読むguided readingがよく行われています。絵本の読み聞かせでは、子どもたちに質問をしながら内容を予測させたり、理由を聞いたり、主人公の気持ちを考えさせたり、

読んだ感想を聞いたりして、語彙の勉強とともに内容理解を図ります。
　フォニックスを導入することは、読みの基礎を築く上で欠かせません。しかし、読みの基礎を築いたら、できるだけ早く意味のある本(児童の場合は絵本)を読ませることも、読みの能力を身につける上で重要です。読むことによって、語の読み方やスペリングが学習されるからです。
　読んだ内容は子どもにとって身近な場面で考えさせたり、自分の場合に置き換えさせたりしてそれをワークシートに書かせます。例えば、アメリカでは2月に「大統領の日」(Presidents' Day)という祝日がありますが、子どもたちは歴代のアメリカ大統領に関する本を読み聞かせてもらい、その後 "If I were President of the United States of America, I will..." という文に続けて、自分ができることを2行ほど書きます。幼稚園や小学1年生のレベルなので、難しい内容は書けませんが、大統領についての絵本の読み聞かせに始まって、最終的には書くことまで練習します。
　このように、聞くだけではなく、聞いたことを書いたり、読んだことを話したり書いたりする活動は、ホール・ランゲージの考えに基づくものですが、読んだり書いたりすることを促進する活動の基礎として、音素・音韻認識、そしてフォニックスの指導を合わせて行うことは、大変重要であると考えられます。

アメリカの授業風景
Mrs. Kownackiの「書く」指導（書写）

　Mrs. Kownackiの幼稚園児のクラスでは、子どもたちに英語の書き方を教えています。先生がフリップチャートに書き方の模範を示します。模造紙に線を引いて、アルファベットの位置を確認しながら、線に沿って綺麗に書いていきます。書き順にも注意を払います。

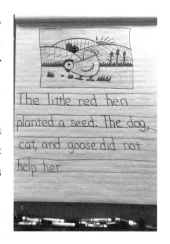

　フリップチャートには、"The little red hen planted a seed. The dog, cat, and goose did not help her."（小さな赤いめんどりが種を蒔きました。イヌ、ネコ、そしてガチョウはお手伝いしませんでした）と書かれています。幼稚園児なので、まだこの文を自分の力で書くことはできません。子どもたちには、書くときは左から右へ、語と語の間にはスペースを入れて、文の始めは大文字で書き、終わりにはピリオドをつけるというルールを、文字の書き順とともに一つひとつ教えていきます。子どもたちは、実際に書き写すことでそのルールを学びます。

　その後、この文の意味を忘れないように、小さな赤いめんどりがひとりで種を植えている絵を描きます。子どもたち全員が描き終わったら、作品を教室に貼ります。ここには2人の子どもが書いた作品を載せておきましょう。左の子どもの作品（A）はほとんど完璧です。文の始めは大文字で、最後はピリオドで締めています。カンマも忘れていません。文字も正確です。一方、右の子どもの書写（B）は、大文字も小文字もごちゃ混ぜの状態で、語の句切れもありません。

　右の子どものような書き方は、文字の読み書きの初期の段階に共通して見られます。子どもは皆この段階を経て、だんだんと左の子どものように書けるようになります。
（Hickory Elementary SchoolのMrs. Kownackiのクラスより）

子どもの作品（A）

子どもの作品（B）

第5章 歌・体・絵本を使った文字指導

　本章では、英語の音素認識を高め、文字と音の関係を指導するのに、どんな歌をどのように活用したらよいか、体で覚えるための指導とはどういうことでどんな効果があるのか、そして絵本は、読み書きの指導にどのように活用することができるか解説します。

 歌を使った文字指導

　音楽を聴いたり歌を歌ったりすると、気分が高揚して意識も機敏になります。音楽は脳を活性化させるだけではなく、脳の発達に影響し（Dewar, 2008-14; Schellenberg, 2004）、言語の発達を促すと言われています（Fisher, 2001; Peregoy and Boyle, 2008; Saricoban and Metin, 2000）。また、歌は語彙や発音だけでなく、読み書きの習得にも大きな役割を果たしています（Tarbert, 2012）。

　日本の小学校でも外国語活動で英語の歌が使われています。一般的に、授業前にCDを流して音楽に合わせて体を動かし、授業に活気を持たせるためや、英語を使う雰囲気を作って、英語に興味を持たせるために活用されているようです。高学年では、流行っている歌をみんなで一緒に歌うといったことも行われていますが、大抵は英語の歌を聴いたり歌ったりして楽しむことが目的のようです。しかし、英語の歌は、ただ歌ったり踊ったりするだけでなく、音素認識を高めることや、読みの指導として活用することができます（Gromko, 2005）。快く楽しい気分になる歌なら、子どもたちは楽しみながら自然と読みの勉強ができるので、授業の中に積極的に取り入れたいものです。

ナーサリーライム

　英米では読みの基礎を教えるためにナーサリーライム（nursery rhymes）がよく使われています。ナーサリーライムは長い年月を超えて言い伝えられている英米のわらべう

たで、韻（ライム：rhyme）を踏んで繰り返しが多いのが特徴です。例えば実践編第3章で紹介している "Twinkle Twinkle Little Star" は

> Twinkle, twinkle, little <u>star</u>
> How I wonder what you <u>are</u>
> Up above the world so <u>high</u>
> Like a diamond in the <u>sky</u>
> Twinkle, twinkle, little <u>star</u>
> How I wonder what you <u>are</u>

と、starとare, highとskyが韻を踏んでおり、最初の部分が最後でまた繰り返されています。先生は韻を踏んでいることを指摘したり、子どもたちに探させたりして、starやareは /ɑːr/ と読むこと、highとskyは /aɪ/ の音であることを教えます。ナーサリーライムの中にはストーリーになっていて、大事なことを子どもたちに教えているものがあります。"Mary Had a Little Lamb" などはその例で、ヒツジがメリーとずっと一緒にいたがるのは、何と言ってもメリーがヒツジをとても大切にするからということで、これは愛情にあふれた歌です。もちろんこの歌の中にも韻を踏んだ部分がたくさん出てきて、繰り返しがとても多く使われています。

　子どもはナーサリーライムの繰り返しやパターンを予期して、メロディーに合わせて歌うことが好きです。音楽に合わせて文字を導入すれば、語や文の読みを育成することにつながります。教育的な効果だけでなく、情緒的な面でもずっと心に残るナーサリーライムを、ぜひ読みの指導に導入していただきたいと思います。

　本書は英語の文字と読みを育成することを目的に歌を厳選しています。まず "Twinkle Twinkle Little Star" のメロディーと同じ「ABCの歌」で、アルファベットの【名前】読みをしっかり教え、次に同じメロディーでアルファベットの【名前】読みと【音】読み、その【音】で始まる語を一緒に教えます。これはアルファベットを見たらその【音】読みが自然と口をついて出てくるようになり、文字の塊である「語」を読めるようにすることが目的です。

　ナーサリーライムの本はたくさん市販されています。しかし歌が載っているだけで、音素認識や音と文字との関係を学ぶ教材として販売されているものは見かけません。したがって、本に載っている歌を使って読み書きの指導をする場合は、先生自身がレッスンプランを立てなければなりません。本書の実践編では、歌をどのように活用したら

よいか説明していますので、参考にしてください。

インターネット上で、音素認識を高め読みの力をつけることを目的に販売された歌が、songsforteaching.comからたくさん出ています（http://www.songsforteaching.com/phonemicawareness.htm）。購入してダウンロードする必要がありますが、歌詞やレッスンプランがついていて、1曲単位で買うことができます。購入する前にサンプルのメロディーと歌詞の全体を見ることができるので、まずはそのサイトに行ってどんな曲か聴いてみてください。

歌を文字や読みの指導に使う場合は、必ず歌詞を黒板に貼って、まずサイトワードの読みと意味を確認し、語頭の音が同じアリタレーションや韻を踏んだ語を探させて、全体の意味を確認してから歌を流してください。その際、先生は歌に合わせて歌詞を指し棒などで示しながら、文字の読みに注意を向けさせてください。

チャンツ

本書であげた歌のほとんどは、チャンツとして教えることも可能です。チャンツは、リズムに合わせて英語のイントネーションやリズムを学習することを目的に音声指導に使われますが、メロディーがないので、その分リズムが強調されます。英語のリズムは日本語と大きく異なるので、英語のリズムの習得にはチャンツを利用するのが効果的です。またチャンツを通して、文字の【名前】、【音】、そしてその音を使った語を同時に覚えることもできます。

ここで、英語のリズムと日本語のリズムの違いを確認しておきましょう。日本語のリズムはモーラ（拍）と呼ばれる子音と母音、または母音や「ん」、「っ」などが基本的な単位となっています。例えば「オレンジ」や「パイナップル」を日本語のリズムで読むと、

●●●●　　●●●●●●
オレンジ　　パイナップル

のように、「オレンジ」は4拍、「パイナップル」は6拍となります。しりとりなどは、この拍が単位になっています。また「タタタタ」と平坦なリズムで、音の強弱がありません。一方、英語のリズムは強勢のある音節が時間的にほぼ等間隔に繰り返される強勢リズムです。英語の"orange and pineapple"は

●　　　　●　　　●
orange　and　pineapple

となり、orangeは"o"に、pineappleは"i"に強勢（ストレス）が置かれ、andを含めて

3拍です。手を叩いて、orange and pineappleと言ってみるとわかりやすくなります。それぞれの単語の長さは異なりますが、どれも1拍です。

　歌を歌った後は、チャンツにできるものは、チャンツでリズムを取りながら、アルファベットの名前と音を正確に読めるように指導してください。例えば、"Mary Had a Little Lamb"のメロディーを外して、歌詞だけを見て●のところで手を叩きながらチャンツをしてください。以下、最初の2行を見るとわかりますが、英語のリズムは強勢のある音節が等間隔に繰り返され、小さい文字で記した弱音節は弱く、そして早く発音されます。

```
    ●         ●         ●         ●         ●         ●         ●
    Mary     had    a   little    lamb    its fleece   was white   as snow.
And      everywhere  that Mary    went,   the lamb     was sure    to go.
```

体を使った文字指導（learning by doing）

　突然ですが、以下の算数の文章題を解いてください。

　There are 2 hippos and 2 alligators at the zoo. They live by each other, so Pete the zookeeper feeds them at the same time. It is time for Pete to feed the hippos and the alligators. Pete gives each hippo 7 fish. Then he gives each alligator 4 fish. The hippos and alligators are happy now that they can eat.
　問題：How many fish do both the hippos and the alligators have altogether before they eat any?
　　（動物園にカバとワニが2匹ずついます。隣同士なので、動物園の飼育係のピートはカバとワニに同時に餌を与えます。カバとワニに餌をあげる時間になりました。ピートはそれぞれのカバに7匹ずつ魚を与え、ワニにはそれぞれ4匹ずつ魚を与えました。カバとワニは餌が食べられるので、とても幸せです。問題：カバとワニが餌を食べてしまう前、全部でいくつ魚が与えられましたか）

　これはグレンバーグとその研究グループが行った、子どもの動きと算数の理解の度合いを調べた研究です（Glenberg, etc., 2004, 2007）。3年生の子どもたちを2つのグループに分け、1つのグループには問題を2回読ませ、もう1つのグループには実際にカバとワニに餌を与える行動を取らせながら読ませました。その後問題を出したところ、行動を取りながら問題を解いたグループは、ただ読んだだけのグループよりも正

解率が高かったということです。ちなみに正解は22匹です。

　次の文章は、私が大学で使用している子どもの認知発達に関する科目の教科書（*Children's Thinking* 4th ed. by Siegler and Alibali, 2005）に出てくる文章で、12〜18か月の子どもの思考の特徴を表したものです。読んでみてください。

> When a toy is first hidden under a cover, and then the toy and cover together are hidden under a pillow, and then the cover is removed so that the toy remains under the pillow, 12-to 18 month-olds do not look under the pillow. (p.47)

　いかがですか。「おもちゃをカバーの下に隠して、そのおもちゃとカバーを一緒に枕の下に隠し、それからカバーを取って枕だけ残すと、12〜18か月の子どもは枕の下を見ることはしない」という、ピアジェの発達段階説の感覚運動期の子どもの特徴を記したものですが、すぐに意味を取れましたか。

体を使った学習法（embodied learning: 身体化された学び）

　先のグレンバーグらの研究は、算数の文章題を解くのに、体を使うことで正確に意味をつかむことができるということを示しています。体全体を使った学習法はembodied learningというもので、授業の活動に動きを取り入れることで、頭が刺激され、大きな学習効果があるということです。

　実際に内容に沿ってやってみると、頭に意味がスッキリと入ることは、子どもに限らず大人でも同じです。ピアジェの実験を表した説明も、聞いただけでは頭の中にスッと入ってきません。しかし学生たちに英語を動作で表させると、すんなりと意味を理解します。体で表すことによって理解ができ、体を使って記憶するので学習効果が期待されます。自動車や自転車の運転のように、体を使って覚えたものは忘れないのと同じです。体が自然と覚えてしまうということです。

ジェスチャーの効果

　体を使うことでは、ジェスチャーも学習に大きな効果があります（Tai, 2014）。ジェスチャーはコミュニケーションの中で意味の伝達に大きな役割を果たすので、英語教

育や外国語活動では、ジェスチャーをうまく取り入れることや、相手に意思を伝える方略としてジェスチャーを使うよう教えることが重要です。

　しかし、このようなコミュニケーション・ストラテジーとしてだけでなく、子どもに概念を教える際に先生がジェスチャーを使うと、子どもがよりよく理解できる、また、先生がジェスチャーをするだけでなく、子どもたちにジェスチャーをさせたり、先生のジェスチャーを真似させたりすることで大きな学習効果がある、とする研究があります（Beilock and Goldin-Meadow, 2010; Broaders, Cook, Mitchell and Goldin-Meadow, 2007）。先生のジェスチャーを真似て動作を繰り返させると、言葉を聞いただけで覚えた子どもたちよりも、概念の理解がより効果的に習得され、よりよく記憶しているということです（Cook and Goldin-Meadow, 2006; Cook, Mitchell and Goldin-Meadow, 2008）。文字の読みの学習においても、先生が体を使って表すだけでなく、学習者に同じように先生の動きを真似させると、教えた内容が定着します。

　本節では、体を使った文字指導として、まず「空書き（air writing）」、「アメリカ手話（ASL: American Sign Language）」、そして「視覚で表すフォニックス（visual phonics）」を紹介します。

① 空書き（air writing）

　体を動かしながら空書きをすることは、子どもの脳に働きかけて学習内容を記憶に定着させます。紙に書かれた線をなぞって文字を書く練習もありますが、線をなぞって書く場合は、意識しないで単になぞるだけになりがちです。しかし、空書きの場合は線がないので、字をしっかり「見る」あるいは「イメージする」必要があります。意識して視覚的イメージをとらえることが、文字の習得につながると考えられています。

　アルファベットの【音】の読みの指導では、子どもに文字カードに書かれた文字を見せながら、まず先生が声に出して空書きします。例えば、以下のように、aなら"/eɪ//æ/"と発音しながら、aを空中に書きます。子どもたちも先生を真似て空中にaを書きます。

　　T : Let's air-write this letter.（この文字を空書きしてみましょう）
　　　　I'll go first. a（/eɪ/）/æ/（まず先生がやってみます）　※空書きする。
　　　　Now it's your turn.（それでは今度はみんなの番です）

空書きは、文字だけでなく、単語を書く指導にも使えます。単語の場合は単語カードに書かれた語を子どもに見せ、同じように先生が声に出して単語を読みます。次に、そのスペリングを声に出し、文字を空書きしていきます。例えば、catなら"/kæt/"と発音し、その後に"c (/siː/) /k/, a (/eɪ/) /æ/, t (/tiː/) /t/"と1つずつ空中に書いていきます。そして最後に"/kæt/"と読みます。子どもたちは先生の見本通りに語を発音し、文字を読みながら空書きしていき、最後にまたその語を読みます。次は単語カードを見ないで空書きします。

② アメリカ手話（ASL: American Sign Language）

　ASLは、アメリカやカナダで聴覚障害を持っている人たちの間で使われている手話です。英語やスペイン語などの異なる言語があるように、手話も世界共通ではなく、イギリス手話（BSL: British Sign Language）や日本で使われている日本手話（JSL: Japanese Sign Language）があって、それぞれ異なる語彙や言語体系を持っています。アメリカ英語とイギリス英語は音声言語としては同じ「英語」ですが、アメリカのASLとイギリスのBSLはまったく異なります。ASLを使う人が必ずしもBSLを理解できるとは限りません（NIH, U.S. Department of Health and Human Services, 2015）。

　手話は手や指だけでなく、視線や眉、頬など顔の部位や顔の表情、体の動きを使う視覚言語です。手話は耳の聞こえない人のためのコミュニケーションの手段ですが、耳が聞こえる子どもたちに対しても手話を使うとことばの発達をうながすことが研究でわかっています（Daniels, 1994, 1996, 2004; Felzer, 1998; Vallotton, 2016）。そのためアメリカの小学校でも、体を使って楽しく学習する方法として、語彙の指導や授業運営によく取り入れられています。

　本書は、手話を教えようとするものではありません。本書はASLを用いてアルファベットの【名前】と【音】、そしてそのアルファベットの文字で始まる動物やものなどの語を学び、名前、音、語の組み合わせをヒントにして文字を読めるようにしようとするのが狙いです。また、ASLによるABCの表し方（指文字）を巻末（p.182）に載せてあります。指文字はクラス全体で文字を確認するときに役に立ちます。クラスでは子どもたちは先生の発問に対して、答えがわかっていてもなかなか手をあげにくかったり、間違いを恐れて手をあげなかったりします。しかし、指文字で一斉に示すのであれば、間違っても友達に気づかれないし、友達の答えを見て、自分の答えを修正することもできます。したがって手話で答えを返すことは、授業に参加しやすくなるという利点があります。先生にとっても、クラス全体を見渡して子どもたちの理解度を確認できるという

授業運営上の大きな利点があります。

③ 視覚で表すフォニックス（visual phonics）

　visual phonicsは、46の音素の発音を動きで表したもので、音素認識を高める指導の中で、音を視覚的にとらえることで覚えやすくすることを目的に開発された指導法です（International Communication Learning Institute, 2011）。visual phonicsは 耳の聞こえない子どもに対してだけでなく、英語がよく読めない子どもに対する読みの指導法として広く使われています。bやpを混同してしまうことを防ぎ、音素がどのようにどこで作られるのか動きでわかるので、正確に音素を学べるというメリットがあります。YouTubeでvisual chantと検索すると、たくさんの例が出てきますが、以下のビデオはASLのサインをうまく取り入れて、アルファベットの名前読み、音読み、その音読みをする語を一緒に視覚的に紹介していてわかりやすいです。アルファベットの【音】読みを教える際に、visual phonicsを取り入れ、子どもたちにも先生の動きを真似させると、効果が期待できると思われます。

　Visual Phonics Chant（https://www.youtube.com/watch?v=Nn5DaRUjgFQ）

絵本を使った文字指導

絵本の活用法

　子どもに絵本（storybooks）を読んであげることは、子どもの想像力や好奇心を駆り立て、心を育み、ことばや認知の発達に効果があると言われています（Pressley, 2006）。また、幼稚園の時にたくさんの本を読み聞かせてもらった子どもは、のちに語彙が豊富になり（Stahl, 2003）、読みの過程で大人との豊富なやり取りがあると、子どもの語彙の発達を促すこともわかっています（Pellegrini, Galda, Perlmutter and Jones, 1994）。

　絵本にはいろいろな活用法があります。絵本を読んで聞かせる「読み聞かせ（storybook reading: reading books to children）」、絵本などのお話をしてあげる「ストーリー・テリング（storytelling: telling stories to children）」、そして、文字と読みの習得を目的にした「誘導リーディング（guided reading）」などです。

① 絵本の読み聞かせ（storybook reading）

　絵本の読み聞かせは、まずお話を読んであげるにしても、子どもたちが話を聞いて

わからなければ本の楽しさを味わうことができませんので、子どもたちの英語のレベルに合った絵本を選ぶことが重要です。

絵本を読んで聞かせる際は、子どもたちが持っている知識やイマジネーションを働かせ、小学校以降必要となってくる読み（リーディング）の基礎を培う指導を心がけてください。

子どもたちの知識を活性させる指導には、例えば、実践編第5章「絵本を使った読み書きの指導」に、イソップ物語の「アリとさなぎ」の話を載せてありますが（p.146）、さなぎはどういう格好をしていてどんな特徴があるかとか、どんな成長過程をたどるか考えさせることなどがあげられます。話の流れや結末を予測・予想させるには、例えば「アリとキリギリス」の話（p.150）なら、食べ物を保存しておかなかったキリギリスが、冬になってどうなってしまうか予測させることができるでしょう。

絵本は認知のレベルを高めてくれる働きがあります。考えさせたり、推測させたり、判断させるだけでなく、分類させたり、分析させたりする活動も絵本の読み聞かせに取り入れることができます。例えば、本書の「ウサギとライオンの動物パーティー」（p.143）は、ただストーリーを読むだけではなく、rやlの音素を身につけるために、rで始まる動物とlで始まる動物に分類したり、哺乳類、爬虫類、クモ類などに動物を分類したりして、考えさせながら話を読み進められるように作られています。また、「キツネとカエル」（p.137）の話は、登場する動物のFrankとFerrisに関する記述を分析させ、さらに情報を整理して、Frankはfox, furry,（lives in）forest,（likes to eat）fishなどを表に書き埋める活動を取り入れれば、同時に書くことの練習もできます。このような分析を通した「書く活動」は、単に文字を書き写す以上の有意味な活動になります。

さらに、物語の中で「パターンを見つけ出す力」は、語彙力や文法を理解する力をつけることにつながります。例えば、「キツネとカエル」では、"This is Frank. Frank is a fox. He is very furry."に続いて、"This is Ferris. Ferris is a frog. He is very funny."と文が続きます。この英語の構造のパターンは基本的に同じですから、このパターンに気づけば、Ferrisに関して、Frankと対比させて意味を考えることができるようになります。

② ストーリー・テリング（storytelling）

ストーリー・テリングは、音声を中心にお話をしてあげることです。絵本の内容を単に話してあげるだけでなく、ペープサート（paper puppet theater: 人物の絵などを紙に描いて棒につけ、それを背景の前で動かして動作を表現する）や小道具を使って、子

理論編──第5章　歌・体・絵本を使った文字指導

森田はるなさんがストーリー・テリング用に作成した「おむすびころりん」のエプロン

どもたちの前で紙人形劇のように演じながらお話の内容を伝える方法もあります。この場合、本は使いません。

　左の写真は、カリフォルニア州トーランスの小学校で、幼稚園のクラスの子どもたちに、日本の昔話「おむすびころりん」を聞かせてあげるためにストーリー・テリング用のエプロンを身につけている学生の写真です。エプロンをめくると背景が変わって、話が展開していく仕組みになっています。この実演を聞いたトーランスの小学校の先生は、子どもたちが話に没頭してとても興味を持って聞いていた、と彼女のストーリー・テリングを絶賛していました。これには道具を作る時間とストーリーを暗記する時間が必要ですが、ぬいぐるみなどはマジックテープでついているので、別のお話に再利用することもできます。

　本書では、「文字や語の読み」に焦点を当てているので、このようなストーリー・テリングをしたら、単語カードを用いて語彙の読みの練習をし、その後に本を使ってストーリーを一緒に読んでみることをおすすめします。内容が頭に入っているので、推測しながら読む練習をすることができます。

③ 誘導リーディング（guided reading）

　誘導リーディングは、先生がお話を読んで聞かせるのではなく、子どもが自分で文字を読めるように導く指導法です。アメリカでは、多くの場合5〜6人の子どもが教室の前の先生を囲んだ円形の机に来て、個別に指導を受けます。日本の小学校では、少人数のグループをクラスの前に呼んで個別に指導する授業は見られないので、本書では、実践編第5章においてクラス全体で指導可能な誘導リーディングの方法を具体的に説明しました。

　誘導リーディングは、文字指導を目的として行う場合は、次のステップで進めることをおすすめします。

① まず、教える音素を含む単語のカードとサイトワードが書かれた単語カードを使ってストーリーの中のキーワードを勉強する。
② 本の表紙を見せ、タイトル、著者名、イラストレーターを紹介する。
③ 子どもに本の絵を見せながら、ストーリーに関するトピックや内容について質問する。

④ 文章を、単語の語頭の音素に注意しながら、子どもたちと一緒に1ページずつ読んでいく。①で扱った単語は子どもたちに読ませる。
⑤ 今度は子どもたちだけで読ませる。
⑥ 読み終わったら、単語カードを並べ替えさせて読んだ話を再構成する、そのレッスンで教えている音素で始まる語が出てきたら、ノートに書き写すなどして、読みの強化や書く練習を取り入れる。

読みの過程を声に出す読みの指導法（think aloud reading）

　考えていることを声に出す読み（think aloud reading）は、先生が読みの過程を声に出して子どもたちに読みの方法を教える指導法です。例えば、文字をどのように音に変換したらよいか、知らない語の意味はどのように推測したらよいかなど、先生が頭の中で考えていることを声に出し、子どもたちに同じように読むことを教えます。「キツネとカエル」を例に説明すると、先に示したストーリーの冒頭の部分は、

　　T：(Frankを指して) f は、f (/ɛf/) /f/ fox で /f/ と読むんだったなあ。r は rainbow の /r/、次の a は /æ/、次は /n/、k は /k/ と読むから、つなげて読むと、/f//r//æ//n//k/、/frænk/ って読むんだ。それで Frank はキツネで、彼は furry ってどういう意味かな。キツネと関係していることかな。fur って、毛皮だなあ。ということは、毛でふさふさしているという意味かな。

という具合に、文字の音の読みからどのように語を読んだらよいか、単語の読み方のプロセスを声に出して言語化し、また fur から furry の意味を推測する思考のプロセスを子どもたちに示して、読みの方法を教えます。

読みを育成・強化する指導

　ここでは、読みの力をつける基礎となる4つの指導法、「コーラル・リーディング（choral reading）」、「ペア・リーディング（pair reading）」、「共有リーディング（shared reading）」、「リーダーの劇場（reader's theater）」について解説します。これらの指導法は、読み方を学んだあと、英語を繰り返し読んで練習することで、文字や語を音声化するスピードを速め、なめらかな読み（fluency）を育成するためのものです。

① コーラル・リーディング（一斉読み：choral reading）

　子どもたちがスラスラ英語を読めるようにするには、何度も繰り返し声に出して読みの練習をさせる必要があります。コーラル・リーディングはクラス全体で一斉に声に出して読む読みの指導法です。コーラル・リーディングを行う際は、まず先生が見本として読んで聞かせます。コーラル・リーディングはグループで行うこともできます。その場合、読みの苦手な子どもは良くできる子どもの読み方を聞くことができるので、読みの助けになると言われています。なお、文字から音への変換を目的にした読みの練習としてコーラル・リーディングを行う場合は、"Fingers out!"（指を出して!）の合図に合わせて、読む箇所を指で指しながら「指さし読み」をするように指示してください。

② ペア・リーディング（paired reading）

　ペア・リーディングは、子どもたちがペアになって、一緒に声に出して読む練習方法です。1人で「音読（read aloud）」する活動はあまり楽しくなく、何度も続けにくいようですが、ペアにして文単位で読むように指示すると、集中が途切れることなく懸命に読む姿が見られます。

③ 共有リーディング（shared reading）

　共有リーディングは、例えばアリとキリギリスのように、対話があるストーリーなどの場合、先生がアリのセリフを読んで、子どもたちがキリギリスのセリフを読んだり、また子どもたちをグループに分けてそれぞれが異なる対話の部分を読んだりする活動のことを言います。子どもたちはストーリーのナレーションの部分は読めなくても、対話を一緒に読むことで、ストーリー・リーディングに積極的に関わることができます。

④ リーダーの劇場（reader's theater）

　繰り返し読んで練習させる方法として、リーダーの劇場（Martinez, Roser and Strecker, 1998-99）というものがあります。これは先生が子どもにストーリーの一部分を割り当て、子どもはその箇所を、感情をこめてほかの子どもたちの前で読んで披露するものです。リーダーの劇場は演劇ではないので、読む内容を暗記して演技する必要はありません。クラスの前で披露しなければならないので、子どもたちは一生懸命読みの練習をすることになります。それにより、読みの能力の伸びが期待されます。

「絵本を使った文字指導」のための10のポイント

　以下に、絵本を使って文字や語の読みを教える際の10のポイントをまとめました。効果的に読みを指導するために、必ず実践してください。

---

① 読んでいる箇所は、必ず指で指しながら読む。
② 先生が絵本の中の文字を音声に変換する方法を示す（例えば、「f (/ɛf/) /f/ foxで、/f/と読むんだったね」）。
③ 本の中の既習の語や文を読ませてみる（例えば、"How do you read this word?"（この単語は何て読むのかな?））。
④ 登場人物の声を変えて、表情豊かに表現する。
⑤ ジェスチャーで意味を表す。
⑥ 文脈や絵から語の意味を推測させる。
⑦ 思考を働かせる質問をする（例えば、背景知識を活用させる、話の流れや結末を推測・予想させる、学習内容を経験や既習事項と結びつける、母語の知識を利用する、知っていることばやフレーズで言い換えさせるなど）。その他、話の構成によって、原因（cause）・結果（effect）、比較（compare）・対照（contrast）、問題（problem）・解決（solution）などを話し合う。
⑧ 時々止まって話の流れを確認する。
⑨ 子どもに本の内容のまとめや感想を聞く。
⑩ 同じ本を何度も繰り返し読んであげる。

どんな本を選んだらよいか

　文字指導を目的としているのであれば、その時教えたい音素で始まる語がたくさん出てくるphonics bookなどが適しています。例えば、Scholastic社から出版されている、"First Little Readers A～B"のシリーズ（Charlesworth, 2010; Schecter, 2010）は、1冊8ページ程度で、1ページに1センテンス程度しか出てきませんが、韻が豊富で、繰り返し表現が使われており、楽しい内容です。このシリーズは1箱に25冊が入っています。同じくScholastic社から出版されている、bug, rug, hug, mugなどたくさんのword familyが出てくるmini-books（Sanders, 2001）も、音素認識を高め、読みの基礎を身につけるのに適しています。サイトワードの習得を目的にしたものには"Sight Word Readers"（Beech, 2007）がおすすめです。これらも1箱に25冊収納されています（次ページの写真を参照）。

ほかに、以下のような条件を満たす絵本を選ぶとよいでしょう。
① 語や表現の繰り返しが多く、話の流れが予測できるもの。
② 対話が多く、共有リーディング（shared reading）ができるもの。
③ イラストが文章の意味を表していて、読みのヒントになるもの。
④ 子どもたちが、内容を身近に感じられるもの。
⑤ 絵本の中の英語が、実際のコミュニケーションの中で使えるもの。

簡単なオリジナルの絵本の作り方

絵本の作り方は、実践編第5章で、取り上げたストーリーを本の形にする方法として解説しています。ここではもっと簡単な、全部で8ページからなる本の作り方を紹介します。この種の本は、動物の単語を書き写したものや、語句のレベルで構成した本としても作成が可能です。以下の手順に沿って、子どもたちと一緒にオリジナルの本を作成してください。

① A4サイズの用紙1枚を縦横に折って8等分する。
② 単語だけではなく、文を入れて話の流れがある本を作成する場合は、8等分した用紙にそれぞれページ番号を入れていく（右の図を参照）。
③ 勉強する単語や語句を表す絵をそれぞれのページに描き、色を塗る。1ページと、6〜8ページの絵は、上下逆にして描くように指導する。
④ 図の点線の部分を山折りにし、太線の部分をはさみで切る。
⑤ 用紙を開いて、図の二重線の部分を山折りにし、切れている中央を開くように折り直し、全体を折りたたんで完成。

1	8	7	6
2	3	4	5

第6章 文字の読み書きの評価方法

 評価、目標、指導は三位一体

　評価は目標に向かって指導した結果を、目標に準じて行うものです。したがって、目標と指導、評価は三位一体をなしています。現在、小学校「外国語活動」は平成22年5月の初等中等教育局長通知「小学校、中学校、高等学校及び特別支援学校等における児童生徒の学習評価及び指導要録の改善等について」(以下、「通知」)において例示された外国語活動の評価の観点を参考に「観点別学習状況の評価」が行われています。「外国語活動」については、教員が学習指導要領の目標と具体的な活動内容によって評価の観点を設定し、実現状況を目標に準じて、文章の記述により評価を行うよう定められています。

　そこでまず、学習指導要領の目標や趣旨を正しく理解することが重要です。「外国語活動」の目標をふり返ってみることにしましょう。

「外国語活動」の目標

> 外国語を通じて、言語や文化について体験的に理解を深め、積極的にコミュニケーションを図ろうとする態度の育成を図り、外国語の音声や基本的な表現に慣れ親しませながら、コミュニケーション能力の素地を養う。

　評価するにあたっては、この目標が達成されているかどうかが基準になります。前述した「通知」に例示されている評価観点は以下の3つです。それぞれ外国語活動の目標と対応しています。

「外国語活動」の評価観点

> 1）コミュニケーションへの関心・意欲・態度
> 2）外国語への慣れ親しみ
> 3）言語や文化に関する気づき

　1）は積極的にコミュニケーションを図ろうとする態度が育成されているかどうか、2）は外国語の音声や基本的な表現に慣れ親しんでいるかどうか、3）は言語や文化について体験する際、異文化に対する気づきや言語の音声等の違いに気づいたかどうかを評価します。評価の方法には、行動観察とふり返りカードなどが使われています。

　先生は学習指導要領の目標に沿って子どもを指導し、子どもが学習内容を理解したかどうか判断します。子どもたちがよく理解できていれば、指導の方法は良いと考えられますが、子どもたちの理解が悪い場合は、授業の改善を試みる必要があります。

評価の目的

　評価には4つの目的があります。1つ目は指導や授業の改善に活かすこと、2つ目は学校における教育活動全体の改善に活かすこと、3つ目は子ども自身が自分の習熟度を確認すること、そして4つ目は保護者への報告の義務です。

① 指導や授業の改善を目的にした評価（アセスメント：assessment）

1）形式的評価（formative assessment）

　形式的評価は、学習者の毎回の授業での発言や授業態度、ワークシートの記述、宿題など、先生が日々の授業で行う評価です。先生は評価することで子どもの学習状況を把握し、指導の方法を改善します。形式的評価には、授業において子どもにはっきり発言することを求めて言い直させたり、よくできたときは努力した結果として子どもを褒めたりごほうびをあげたりすることも含まれます（Shin and Crandall, 2014）。

　子どもの知識、能力、モチベーションを伸ばしてあげたいと願う先生は、子どもの理解の過程や状況、到達度にとても敏感です。熱心な先生は、子どもが困難を感じていたり、よく理解できていなかったりしているときは、それを見極めて、子どもの理解に合わせて指導の方法を調整します。

2）総括的評価（summative assessment）

総括的評価は「総括」という文字が表すように、ある単元の終わりや学期末、学年末に、テストや授業を通して行われた形式的評価の資料全体を総合して行う評価です。通知表や評価カードなどは総括的評価にあたります。学期末のテストなどで子どもの学習到達度や習熟度を判断し、評価が低い場合は、指導の方法を見直すことになります。

② 学校の教育全体の改善を目的にした評価（evaluation）

　これは、テストや子どもたちの学習状況をもとにプログラムやカリキュラムが目標を達成するものかどうかを判断するための評価です。年度末の学年別一斉テストや、「英語能力判定テスト」などの総括的評価をもとに子どもたちの習熟度状況を把握し、市町村で開発した独自のカリキュラムや教材などを見直したり、開発したりする判断材料にします。

　理論編第2章で、「外国語活動」において体系的な学習を行わないことで、小学校高学年の子どもが「物足りなさ」を感じていることが問題になっていると述べました。そこで文部科学省は、学習の系統性を持たせるために英語を教科として導入し、「高学年では身近なことについて基本的な表現によって「聞く」「話す」ことなどに加え、「読む」「書く」の態度の育成を含めたコミュニケーション能力の基礎を養う」方針に政策を改善しました。「外国語活動」として行われている英語活動は、今後英語教育を「充実する」ために、「外国語」として教科化する方向に決まったわけですが、これは研究開発学校からの報告や種々の研究が現行の学習指導要領の評価となり、英語教育の改善につながった例と言えます。

③ 子ども自身が自分の習熟度を確認するための評価

　子どもたちは、先生の授業でのコメントや、ワークシートや宿題のフィードバック、そして学年末に渡される通知表などをもとに、学習すべき内容（目標）と、その学習項目がどれくらい達成できたかを、評価を通して確認することができます。不十分な場合は学習態度や勉強の仕方を改めたり、勉強時間を増やしたりして改善に努めます。

　子どもたちの学習状況を改善し学習を支援するには、学年末に行う総括的評価よりも、日々の授業で行われる形式的評価のほうが効果的だと考えられます。特に現行の3つの観点にまとめられた評価では、具体的にどのように改善したらもっとできるようになるのかがあいまいです。先生は日々の授業の中で子どもの行動やふり返りカードの内容に注意して、子どもたちの学習態度や知識、技能、能力を高めることが大切だと思われます。

また、現行の文章記述での評価は先生の負担が多くなり、授業の準備や教材開発の時間が取られてしまうという問題がありますが、「先生のことば」による評価は子どもの心に響きますので、一言一言を大切にして、子どもがやる気を起こすようなコメントやフィードバックをすることが必要です。

④ 保護者への報告のための評価

　子どもの教育にいちばん関心があるのは保護者です。通知表の内容を見て子どもの学習成果を判断し、期待に沿わない場合は、子どもを塾や英会話学校に通わせるなどします。保護者の子どもに対する教育の判断に通知表が大きく影響することを考えると、評価者である先生の責任もとても重いと言えます。

　保護者は子どもに対する教育の義務がありますので、学校としても、前述の「通知」に述べられているように、「保護者や児童生徒に対して、学習評価に関する仕組み等について事前に説明したり、評価結果の説明を充実したりするなどして学習評価に関する情報をより積極的に提供する」ことが重要です。

英語が教科（「外国語科」）となった場合の目標と評価

　「次期学習指導要領『外国語』における国の指標形式の主な目標（イメージ）」（文部科学省, 2015）には、小学校中学年の活動型の英語では「読むこと」に関して、「アルファベットの大文字・小文字を識別できるようにする」とあり、そこから高学年の教科型に向けて「慣れ親しんだ単語を見て、意味概念と結びつけることができるようにする」、さらに「アルファベットの文字を正しく読むことができるようにする」とあります。これはCEFR[12]レベルではPre-A1で、中学ではA1のレベルとなり、中1では「身近なよく知っている単語、単純な文を理解できるようにする」とあります。

　一方「書くこと」については、活動型では「アルファベットの大文字・小文字を活字体で正確に書くことができるようにする」、高学年では「例文を参考にしながら、慣れ親しんだ単語や文を正確に書くことができる」とあります。新しい学習指導要領では、この目標に準拠して評価することになります。

12　CEFR（セファール：Common European Framework of Reference for Languages）とは、「シラバスやカリキュラムの手引きの作成、学習指導教材の編集のために、透明性が高くわかりやすく参照できるものとして、20年以上にわたる研究を経て、2001年に欧州評議会（Council of Europe）が発表」したもの。（文部科学省ホームページより）

「読むこと」「書くこと」の評価案

　さて、ここでは文字(「読むこと」と「書くこと」)の指導における評価項目と評価方法を考えてみましょう。次ページの【A】の表は、文字の指導において達成したい目標を、項目ごとにまとめたものです。【A】は、先生にとっては子どもの学習状況を記録する学習記録表として、一方子どもはその単元で学習した部分のふり返りとして、自己評価するのに活用します。その単元の部分を評価したら、先生に提出し、先生は子どものふり返りをもとに、次回のレッスンを計画します。

　先生と子どもが同じ表を用いて評価することには、たくさんの利点があります。まず、双方で学習の目標が明確になります。また子どもは授業の中で、わからない部分を先生に具体的に伝えることができます。さらに、子どもが自分を過少評価しているような場合は、次の授業時間でできていることを褒めて自信を持たせ、また過大評価している場合は、「もっと注意深く聞いてみよう」などといったフィードバックを与えることもできます。授業中の行動観察からでは判断できなかった場合は、子どもの自己評価を見て習得状況がある程度把握できますし、問題がある場合は、その部分を次の授業で集中して観察することもできます。

　具体的に見てみましょう。アルファベットの音の認識で「聞いて違いがわかる」という項目がありますが、すべての音を聞いて違いがわかるかどうかではなく、その単元で扱った、例えば、alligator(語頭は /æ/ の音)とumbrella(語頭は /ʌ/ の音)の2つの音の違いがわかるかどうかを評価するというように課題を具体的に設定します。先生の評価表の、右側の欄には単元で学習する音や語(すなわち評価内容)を、例えば以下のように、先生が単元の目標に照らし合わせて書き入れてください。

　　聞いて違いがわかる：alligator, umbrella
　　語頭と同じ音の語がわかる：alligator, apple, ant
　　語中と同じ音の語がわかる：mat, pat, map, bat
　　語尾と同じ音の語がわかる：nap, map, tap
　　語頭の音を聞いた文字に入れ替えることができる：nap → map
　　語尾の音を聞いた文字に入れ替えることができる：map → mat
　　単語を見て意味がわかる
　　　　文字は読めなくても、形で意味がわかる：alligator, elephant, kangaroo
　　　　サイトワードとして意味がわかり読める：walk, put, fly, live, give

3文字の単語が読める：dog, cat, bat, map, nap, pen

　子どもがこれを使用する場合、いちばん右の空欄には子ども自身が感じたことを書き入れます。表の真ん中には次ページの【B】(詳細は後述) に記された1〜5の評価を書き入れます。

【A】評価項目

Name＿＿＿＿＿＿＿＿＿＿＿＿＿＿＿＿

アルファベットの音の認識 (phonemic awareness)		
聞いて違いがわかる		
語頭と同じ音の語がわかる		
語中と同じ音の語がわかる		
語尾と同じ音の語がわかる		
発音できる		
その他		

アルファベットの文字と音の関係 (phonics)			
アルファベットの【名前】			
大文字	聞いてわかる		
	発音できる		
	書ける		
アルファベットの【名前】			
小文字	聞いてわかる		
	発音できる		
	書ける		
アルファベットの【音】			
大文字	聞いてわかる		
	発音できる		
	書ける		
アルファベットの【音】			

小文字	聞いてわかる		
	発音できる		
	書ける		
聞いた単語が書ける			
語頭の音を聞いた文字に入れ替えることができる			
語尾の音を聞いた文字に入れ替えることができる			
3文字の単語が読める			
その他			

その他		
大文字と小文字を組み合わせることができる		
文字を線上に正しく書ける		
正しい書き順で書ける		
自分の名前が書ける		
単語を見て意味がわかる		
聞いた文が書ける		
簡単な文が書ける		
クラスの掲示物を読める		
簡単なストーリーが読める		

【B】評価基準

以下の表は【A】の評価の観点を、5段階の数値で評価する際の評価基準です。

		Rate yourself
5		I am an expert. I can teach it.
4		I understand well.

3		I can do this by myself. I understand.
2		I can do it with help. There are parts I don't understand.
1		I cannot do it. I don't understand. I need help.

　評価基準は子どもの視点で書かれています。先生は、1＝できない（わかっていない）、2＝手助けをしてあげれば何とかできる（わかる／理解できる）、3＝できる、4＝よくできる、5＝とてもよくできる、という視点で子どもを評価してください。表の中の英語の意味は以下の通りです。

5：I am an expert.（自分は達人だ）　I can teach it.（教えられる）
4：I understand well.（よくわかる）
3：I can do this by myself.（自分でできる）　I understand.（わかる）
2：I can do it with help.（助けてもらえればできる）　There are parts I don't understand.（一部わからないところがある）
1： I cannot do it.（できない）　I don't understand.（わからない）　I need help.（助けが必要）

　この評価基準も「読み」の指導に活かすために、黒板に以上のような表を作って、貼ることをおすすめします。この中の"I am ～"や"I can ～","There are ～"という表現は、初歩の英語学習で頻繁に出てくる表現ですので、意味的には難しくありません。teach, do, understand, needなどの動詞は、授業を円滑に進めていく上で必要な語ですので、毎回の授業で使うようにしてください。

　授業では、"Do you understand?"（わかりますか）,"Do you need help?"（助けが必要ですか）,"Can you do it by yourself?"（自分でできますか）,"Can you teach your friend?"（友達に教えられますか）などと、毎回口頭で聞きます。

　読みの指導に活かすために、先生は文字を指しながら表の中の英語を読み、読み方を教えます。この時、アルファベットの【名前】読みと【音】読みを確認しながら発音し

ていきます。例えば、単語のはじめの文字に注目して、

> T : I am an expert. e (/iː/) は elephant の e (/iː/) で、/iː/ /ɛ/ elephant で、/ɛ/ って読むんだったね。x (/ɛks/) は x-ray の x で、/ɛks/ /ks/ x-ray で /ks/ って読むんだったね。p (/piː/) は piano の p (/piː/) で、何て読むんだったかな？ そう、/p/ って読むんだったね。それでこの単語は expert と読むんだね。

と、このような感じで読み方を確認しながら進めてください（この指導の詳しい方法に関しては、実践編第1章を参照）。すべての語に関してこのようにする必要はありません。サイトワード（p.32を参照）で見て覚えるしかない単語は、そのまま読み方を教えてください。

　この表を使う際は、まず、"Please rate yourself."（自己評価をしてください）と子どもたちに指示し、先のように読み方を交えながら、"I am an expert."（自分は達人だ）と英語を読んで、"If you think so, please write 5 in the box."（そう思ったらマスに5と書いてください）と指示してください。

　ふり返り用紙は授業の終わりに回収しますが、授業内で全体として子どもたちの理解の状況を把握する場合は、数字の横に書かれた数をイラストのように指で表し、手を高く掲げるように指示します。例えば、「alligator の /æ/ と umbrella の /ʌ/ の音の違いはわかるかな」と聞いて、子どもたちにどれだけ聞き分けられるか、指で示してもらいます。たくさんの子どもたちが指で2を表していたら、次の授業でもう一度教えるように計画することができます。このイラストの数字の表し方は、ASL によるものです。

文字が豊富な教室環境
(language rich classroom)

　英語を読めるようになるためには、まず文字に慣れ親しむことが必要です。絵カードなどには文字をつけ、教室の壁や学校の廊下に英語でポスターを貼って、文字が豊富な環境を作ることが大切です。

　以下は、アメリカの小学校の教室の写真です。教室内には、カレンダーのほか、アルファベットの大文字・小文字の表、word wallと呼ばれる同じ種類の単語（例えば、aで始まる語）を集めて壁に貼ったもの、ポエムのポスター、教室の規則（class rules）、子どもが書いた作品などが壁一面に貼られています。

　カレンダーには月と曜日が書かれています。この写真を撮った日は、2月22日で大統領の日（Presidents' Day）だったので、22日のところにTodayと書かれた札が差し込んであります。2月14日には"Valentine's Day"、2月26日には"Snow Day"と書かれています。カリフォルニアのトーランスでは雪は降らないので、このYukon Elementary Schoolでは実際の雪を学校で購入し、子どもたちに雪を経験させています。子どもたちはこのSnow Dayをとても楽しみにして、いつもカレンダーをチェックしています。

行事が英語で書かれたカレンダー

Mrs. Kownackiのクラスルーム

　左の写真は、トーランスにあるHickory Elementary SchoolのMrs. Kownackiの教室です。真ん中に椅子が置いてあり、先生はそこに座って子どもたちを絨毯に座らせ、絵本の読み聞かせなどをします。頭上には、書画カメラで撮影された映像が映っています。書画カメラは教科書

やノートを拡大して提示するときに大変便利です。教室内には、向かって右側にword wallが、左側には1月から12月までの英語が書かれたポスターも貼られています。コラム「Mrs. Kownackiの『書く』指導」で紹介した写真も、同じクラスで映したものです。

教室内のlibrary

　左の写真もMrs. Kownackiのクラスで写したものです。教室の一角に図書コーナー（library）があって、子どもがここへ来て絨毯の上に座り、自由に読書ができるようになっています。

壁に貼られたポエムのいろいろ

　左の写真の、壁に貼られたいろいろなポエムは、Mrs. Sniegowskiが授業で子どもたちと一緒に読むのに使います。"The Rainbow Song"と"The Color Song"は、それぞれ以下のように書いてあります。

The Rainbow Song

Rainbow purple.	むらさきの虹
Rainbow blue.	青の虹
Rainbow green.	緑の虹
And yellow, too.	そして黄色も
Rainbow orange.	オレンジの虹
Rainbow red.	赤の虹

Rainbow smiling overhead!　　　虹が頭の上で微笑んでいる
　　　-Poet Unknown　　　　　　　　-作者不明

The Color Song

Orange is a carrot.　　　　　オレンジのものはニンジン
Yellow is a pear.　　　　　　黄色いものはナシ
Purple is a plum, and　　　　むらさきのものはプラム
Brown is a bear.　　　　　　茶色のものはクマ
Green is the grass, and　　　緑のものは草
Blue is the sky.　　　　　　青いものは空
Black is a friendly cat, and　黒いものはフレンドリーな猫
Red is cherry pie.　　　　　赤いものはチェリーパイ
　　　-Poet Unknown　　　　　　　　-作者不明

"The Rainbow Song" は "Are You Sleeping?" のメロディー（♪ Are you sleeping? Are you sleeping, Brother John, Brother John? Morning bells are ringing. Morning bells are ringing. Ding Dang Dong.）や、ABCの歌に合わせて歌うことができます。

右の写真は、クラスの規則が書かれたポスターです。1番から、以下のように書いてあります。これらを学校の廊下に貼っておくといいかもしれません。

1. Look and listen when someone is talking.（人が話している時は、その人のことを見て話を聞こう）
2. Use your words to solve problems.（言葉を使って解決しよう（＝手を出してはいけません））
3. If you get it out, put it away.（物を出したら片付けよう）
4. Walk in the classroom and in the halls.（教室内や廊下は歩きましょう）
5. Obey right away, all the way.（すぐに、そして最後まで、きちんと指示に従いなさい）
   If I tell you twice, you pay the price.（二度同じことを言わせるようなことがあったら、その代償を払うことになります（＝罰を与えますよ））

小学生に英語の読み書きを どう教えたらよいか

実践編

第1章 音素認識を高める指導

　ここでは、英語の音素認識を高めるための指導法を紹介します。ここにあげたアクティビティは、ほとんどが10分から15分程度でできるもので、英語の音素に対する耳を養う指導法です。音と文字を結びつけるフォニックスの指導は、この認識を十分高めた後に行ってください。音素の認識ができていない段階で文字を導入すると、ローマ字に引きずられて（例えば、aを「あ」や、rの音を日本語の「ら」の音で読むなど）、正確に覚えることができなくなります。ただし、フォニックスの指導では、音素認識の指導も同時に取り入れてください。

　ここにあげたアクティビティは毎回、授業に出てくる語や単元の内容によって、選択して取り入れてください。

1. 私の指示に従いなさい（Follow my directions.）

- ◆ 目的：音に集中して、「聞く」姿勢を養う。
- ◆ 準備するもの：なし。
- ◆ 参考：Settlow & Jacovino（2004）。

※音素認識を高めるには、集中して「聞く」姿勢を身につけることが大切です。このアクティビティは、簡単な行動を含む英語の文を子どもに聞かせ、その内容に従って行動させます。少しずつ文の数を増やして、行動内容もだんだんと増やしていきます。先生は動作を仕草で示さず、静かに英語だけ聞かせ、子どもに音声に集中させます。

- ◆ 手順：
① 最初に以下を静かに読む。
　　T（=Teacher）：Stand up.（立ちなさい）
② 子どもが全員起立したら座らせ、以下を全部読む。
　　T： Stand up. Go to the back of the class.（立ちなさい。クラスの後ろに行きなさい）

③ ②ができたら、席に戻って着席させる。
④ 同じように、次の文を読んで行動させる。
   T: Stand up. Go to the front of the class. Touch the blackboard.（立ちなさい。クラスの前に行きなさい。黒板にタッチしなさい）
   T: Stand up. Walk to the door. Knock the door three times.（立ちなさい。ドアに向かって歩きなさい。ドアを3回ノックしなさい）
   T: Touch your head. Touch your nose. Touch your shoulder.（頭にタッチしなさい。鼻をタッチしなさい。肩にタッチしなさい）
   T: Stand up. Walk to the blackboard. Write your name. Go back to your seat. Pull your chair.（立ちなさい。黒板に向かって歩きなさい。名前を書きなさい。席に戻りなさい。椅子を引きなさい）

※ go back to ~ や go to the front of ~, walk to ~, pull ~ などの表現は、このアクティビティを行う前に教えておきます。ここでは英語の意味がわかるかどうかが問題なのではなく、耳を傾けて「聞く」ことに集中させることがポイントです。

2. AそれともB? 聞いて違いがわかるかな？（A or B? Can you hear the difference?）

/s/ それとも /ʃ/?（/s/ or /ʃ/?）（音素認識　Step 1　）

◆ 目的：/s/ と /ʃ/ の違いを聞き分ける。
◆ 準備するもの：なし。
◆ 手順：
① どんな音が聞こえているか音声を確認し、耳を慣らす。/s/ の音を以下のように引き延ばして聞かせ、その音が何か尋ねる。
   T: /sssssssss/. What sound do you hear?（どんな音が聞こえますか）
   Ss (=Students): /s/.　※この時「す」とか「し」とならないように注意してください。
② /ʃ/ の音を以下のように引き延ばして聞かせ、その音が何か尋ねる。
   T: /ʃʃʃʃʃʃ/. What sound do you hear this time?（今度はどんな音が聞こえますか）
   Ss: /ʃ/.　※この時「しゅ」とならないように注意してください。
③ /s/ の音と /ʃ/ の音をどちらか聞かせて、どちらが聞こえてきたか尋ねる。

T : Which sound do you hear? (ではどっちの音が聞こえますか) /ʃʃʃʃʃʃ/.
Ss : /ʃ/.

④ 数回この練習を繰り返す。
※ここで /s/ と /ʃ/ の音の区別がつかないと、"I see." の see（/siː/）を /ʃiː/ と聞き間違えてしまい、発音も /ʃiː/ となってしまうので、注意して練習してください。

⑤ 最初の音がどちらかを聞く。
T : Which sound do you hear?（(/s/ と /ʃ/ の) どちらの音が聞こえますか）sssssee（/ssssiː/）. ※このほか、snake, sky, swim, small, sit, ski など、授業に出てきた単語を使うこともできます。表6（p.99）も参照してください。
Ss : /s/. ※この時 see の s が /s/ の音であることを認識させます。
T : How about this?（今度はどうですか）shshshshe（/ʃʃʃʃiː/）. ※このほか、shine, shoes, shock, shave などを使うこともできます。表6（p.99）も参照してください。
Ss : /ʃ/. ※この時 she の sh が /ʃ/ の音であることを認識させます。

/h/ それとも /f/？（/h/ or /f/?）（音素認識　Step 1　）

◆ 目的：/h/ と /f/ の違いを聞き分ける。
◆ 準備するもの：なし。
◆ 手順：「/s/ それとも /ʃ/?」と同じ要領で、"h-h-h-h-hat." と "fffffffffffat." のペアで行う。/h/ で始まる語、horse, house, hotel, hit, heavy, /f/ で始まる語、fine, friend, fire, fox, fun, four, five や、ほかに授業に出てきた語を使う。
※ここで /h/ と /f/ の音の区別がつかないと、friend の f を /h/ と聞いてしまい、発音も /h/ となってしまうので、注意して練習してください。

3. この音で始まるのはどれ？（Which one begins with this sound?）

/s/ の音で始まるのはどれ？（Which one begins with /s/?）
（音素認識　Step 1 & 2　）

◆ 目的：/s/ と /ʃ/ の違いを聞き分ける。
◆ 準備するもの：動物の写真（Google image などで検索）が貼られたカード。

snake（ヘビ）, sea dragon（シードラゴン）, seahorse（タツノオトシゴ）, seal（アザラシ）, sea lion（トド）, Siberian husky（シベリアンハスキー）, skunk（スカンク）, snail（カタツムリ）, sloth（ナマケモノ）, sparrow（スズメ）, squid（イカ）, squirrel（リス）, starfish（ヒトデ）, swan（白鳥）, sheep（ヒツジ）, shark（サメ）, shrimp（エビ）, shiba inu（柴犬）などの写真が貼られたカードのうち、/s/ で始まるものと /ʃ/ で始まるものをペアにして、黒板に貼る。

◆ 手順：
① snake と shark のカードを並べる。/s/ と /ʃ/ のどちらの音から始まるか聞く。
　T：Which one begins with /s/?　※正解＝snake.
② /s/ で始まる単語をいくつか並べて、それらがすべて /s/ の音であることを認識させる。/ʃ/ に関しても同様に行う。

※この中には珍しい動物も含まれていますが、このアクティビティをしながら、動物の名前を教えることもできます。
※カードの上に、一方はA、もう一方はBと書いて、AかBの手話で全員一斉に答えさせることもできます。そうすると、いつも同じ子どもが回答することもなく、また誰がわかっていて誰がわかっていないか、先生が把握することができます。ABCの手話は巻末「ASLアルファベット指文字表」（p.182）を参照してください。

/f/ の音で始まるのはどれ？（Which one begins with /f/?）
（音素認識　Step 1 & 2　）

◆ 目的：/h/ と /f/ の違いを聞き分ける。
◆ 準備するもの：動物の写真（Google image などで検索）が貼られたカード。
fish（サカナ）, fox（キツネ）, flamingo（フラミンゴ）, fly（ハエ）, frog（カエル）, hamster（ハムスター）, hare（野ウサギ）, hippopotamus（カバ）, horse（ウマ）などの写真が貼られたカードを /h/ と /f/ をペアにして黒板に貼る。
◆ 手順：「/s/ の音で始まるのはどれ？」の手順と同じように行う。

/r/ の音で始まるのはどれ？（Which one begins with /r/?）
（音素認識　Step 1 & 2　）

◆ 目的：/r/ と /l/ の違いを聞き分ける。
◆ 準備するもの：動物の写真（Google image などで検索）が貼られたカード。
rabbit（うさぎ）, raccoon（アライグマ）, rat（ネズミ）, rattlesnake（ガラガラヘビ）, reindeer（トナカイ）, rhinoceros（サイ）, robin（ヨーロッパコマドリ）, ladybird（てんとう虫）, leopard（ヒョウ）,

lion（ライオン）, lizard（トカゲ）, llama（ラマ）, lobster（イセエビ）などの写真が貼られたカードを、/r/ と /l/ をペアにして黒板に貼る。
◆ 手順：「/s/ の音で始まるのはどれ？」の手順と同じように行う。

/æ/ の音で始まるのはどれ？（Which one begins with /æ/?）
（音素認識　Step 1 & 2 ）
◆ 目的：/æ/ と /ʌ/ の違いを聞き分ける。
◆ 準備するもの：動物の写真（Google image などで検索）が貼られたカード。
alligator（ワニ）, ant（アリ）, antelope（レイヨウ）, anteater（アリクイ）, umbrellabird（アンブレラバード）などの写真が貼られたカードを、/æ/ と /ʌ/ をペアにして黒板に貼る。
◆ 手順：「/s/ の音で始まるのはどれ？」の手順と同じように行う。

/iː/ の音で始まるのはどれ？（Which one begins with /iː/?）
（音素認識　Step 1 & 2 ）
◆ 目的：/iː/, /ɪ/, /ɛ/ の違いを聞き分ける。
◆ 準備するもの：動物の写真（Google image などで検索）が貼られたカード。
/iː/ で始まる動物：eagle（ワシ）, emu（エミュー）
/ɪ/ で始まる動物：iguana（イグアナ）, insect（昆虫）, impala（インパラ）
/ɛ/ で始まる動物：elephant（ゾウ）, emperor penguin（皇帝ペンギン）, eskimo dog（エスキモー犬）などの写真が貼られたカードを、/iː/, /ɪ/, /ɛ/ を1組にして黒板に貼る。
◆ 手順：「/s/ の音で始まるのはどれ？」の手順と同じように行う。

4．タッチ&カルタ取り（Let's play the card game!）
（音素認識　Step 1 & 2 ）
◆ 目的：/f/ と /h/, /s/ と /ʃ/, /r/ と /l/ の違いを聞き分ける。
◆ 準備するもの：/f/, /h/, /s/, /ʃ/, /r/, /l/ の音で始まる動物の写真（Google image などで検索）が貼られたカード。
◆ 手順：
① 4～5人1組のグループを作る。先生が "Animals that begins with /f/." と言ったら、子どもは /f/ で始まる動物のカードにタッチする。
② ①の練習を十分にした後、誰がいちばん多くカードを取れるか競う。

※ここでは音素認識を高めることが目的なので、"fox"などと動物の名前を言ってしまわないようにしてください。
※動物以外のものが含まれている場合は、"The one that begins with /f/." と言ってください。
※カードを使ったゲームのいろいろは、実践編第6章にまとめられています。

5. A それとも B? 単語の真ん中の音に注目!（A or B? Pay attention to the middle sounds of words.）

/æ/ それとも /ʌ/?（/æ/ or /ʌ/?）（音素認識　Step 4　）

◆ 目的:/æ/ と /ʌ/ の違いを聞き分ける。
◆ 準備するもの:絵カード。
◆ 手順:
① 先生の質問に子どもが答える。
　T：What word am I trying to say? c--a--p（/k/-/æ/-/p/と音素を区切って発音）(何て言おうとしているのかな)※正解＝cap.
　Ss：cap. ※この時、capのaが日本語の「あ」になったり、pが「ぷ」となったりしないように指導。
　T：What word am I trying to say this time? c--u--p（/k/-/ʌ/-/p/と音素を区切って発音）(今度は何て言おうとしているのかな)※正解＝cup.
　Ss：cup. ※この時、cupのuが日本語の「あ」になったり、pが「ぷ」となったりしないように指導。
② capの /æ/ の音と、cupの /ʌ/ の音が、日本語の「あ」の音とは異なっていることを教える。
③ 黒板の右端にcapの絵カード、左端にcupの絵カードを置き、どちらかの単語を言う。子どもは聞こえてきたほうを表す絵カードを一斉に指す。
※ほかに、batとbut, catとcut, bassとbus, tabとtub などの組み合わせで練習してください。

/æ/ それとも /ɛ/?（/æ/ or /ɛ/?）（音素認識　Step 4　）

◆ 目的:/æ/ と /ɛ/ の違いを聞き分ける。
◆ 準備するもの:絵カード。

◆ 手順:
/æ/ と /ʌ/ の手順と同じように、p--e--n (/p/-/ɛ/-/n/) と p--a--n (/p/-/æ/-/n/) を例にして行う。pan の a が日本語の「あ」とならないように指導する。
※ほかに、bad と bed, tan と ten などの組み合わせで練習してください。

6. 違うのはどれ?（Odd one out.）（音素認識　Step 3 ）

◆ 目的: 単語の終わりの音が何か注目させ、音素認識を高める。
◆ 準備するもの: なし。
◆ 手順:
① 3文字程度の語を発音し、最後の音が何か聞く。
　T : What is the last sound in cat?（cat の最後の音は何?）　※正解=/t/.
　Ss : /t/.
② 語尾の音が異なる3文字の語をいくつか聞かせ、どれがほかと違うか聞く。
　T : Listen to the last sound. Which one doesn't belong? mat, set, bed.（最後の音を聞いてください。どれがほかと異なりますか。mat, set, bed）　※正解=bed.
　Ss : Bed.
※このアクティビティは、本章のアクティビティ3（この音で始まるのはどれ?）で出てきた単語を、1語だけ語頭の発音が異なり、あとはすべて語頭が同じ発音の語を使って行うこともできます。
　T : Which one doesn't belong? shark, sheep, sea dragon.　※正解=sea dragon.

7. Angry alligator のカードを作ろう!（Let's make "Angry alligator Cards!"）

◆ 目的: 単語の始めの音が何か注目させ、音素認識を高める。
◆ 準備するもの: 表1-1の「Angry alligator カード（表面）」(p.81) と、表1-2の「Angry alligator カード（裏面）」(p.83) をそれぞれ拡大コピーしたもの（人数分）、色鉛筆、ノリ、ハサミ、画用紙など。
◆ 手順:
① 子どもに、拡大コピーした「Angry alligator カード（表面）」「同（裏面）」を渡す。1回に5～6つ分のカードを作成する。

② 動物の絵に色を塗る。色塗りは子どもの発想に任せて、好きな色を塗らせる。塗り終わったら全体を切り抜いて画用紙に貼る。

T：Let's color the alligator. Any color is okay.（alligatorに色を塗ろう。何色でもいいですよ）

Cut it out and paste it to the drawing paper.（切り抜いて画用紙に貼ってください）

③ 「Angry alligatorカード（裏面）」を拡大コピーしたものを切り取って、②で作成したカードの裏に貼らせる。

T：Take out the other copy. Cut out "Angry alligator" and paste it on the back of the card.（もう1つの用紙を出してください。Angry alligatorを切り抜いて、カードの裏に貼ってください）

④ （子どもが両面を貼り終わったら）絵カードを指しながら「This is an angry alligator.（これは怒っているワニだ）angryは怒っているっていう意味だね」と、英語の意味を確認していく。またangryのaとalligatorのaを強調して、同じ音（the same sound）であることを認識させる。

⑤ その他の動物も②〜④と同じように行う。

※この段階では、語頭のaに注目するだけで、英語は意味を認識できる程度で良いです。ここでは、"big"などの簡単な形容詞は、先生が意味を日本語で言わずに、"What does big mean?"（bigの意味は何?）などと子どもに聞き、できるだけ英語でやりとりをしてください。"angry"や"big"などの意味を確認する際、ジェスチャーをしてヒントを与えてください。

8. Angry alligatorの音は /æ//æ//æ/! を練習しよう！
(Let's practice saying "Angry alligator /æ//æ//æ/!")
（音素認識　Step 3　）

◆ 目的：単語の始めの音が何か注目させ、音素認識を高める。
◆ 準備するもの：Angry alligatorカード（子どもが作ったもの）。
◆ 手順：

① カードに描かれている動物を子どもに見せながら、その名前を正しく発音して聞かせる。特に語頭の音が同じであることを教えながら、"Angry alligator /æ/ /æ/ /æ/"と子どもに聞かせ、繰り返させる。

② カードなしで、単語の始めが何の音か答えさせる。

T：Angry alligator sound says...?（angry alligatorはどんな音?）　※正解=/æ/.
　Ss：/æ/.
③ 以降、"Big bear sound says...?"から"Zany zebra sound says...?"まで行う。
※1回の単元で勉強するカードは6～7枚ずつでよいです。既習の単語や子どもに馴染みのある単語が出てきた場合は、枚数を多くすることもできます。

9. /æ/で始まる動物は何？（What's the animal that begins with /æ/?）（音素認識　Step 2　）

- ◆ 目的：単語の始めの音が何か注目させ、音素認識を高める。
- ◆ 準備するもの：Angry alligatorカード（子どもが作ったもの）。
- ◆ 手順：
① 4人1組のグループを作る。カードを何枚か用意し、すべて絵が描かれているほうを上に向けて机の上に並べる。先生が、"Angry alligator"と言ったら、それが描かれているカードを指でささせる。
② 次に音素を子どもに聞かせ、その音素で始まる動物を英語で答えさせる。
　T：What's the animal that begins with /æ/?（/æ/で始まる動物は?）
　Ss：Angry alligator.
　T：Good! Angry alligator /æ/ /æ/ /æ/. Repeat!　※"Angry alligator /æ/ /æ/ /æ/."
　　と子どもに繰り返させる。
※アルファベット学習の初期の段階の場合は、用意するカードは5つ程度、アルファベットをひととおり学習した段階では、26のカードを全部使うなど、学習の進行状況に合わせて調節してください。

10. riceそれともlice?（rice or lice?）（音素認識　Step 2　）

- ◆ 目的：最小対語（minimal pair（ミニマルペア）：各単語の同じ位置の1音だけが違う一対の語）を使って、音素の違いに気づき、音素認識を高める。語頭に注目。
- ◆ 準備するもの：なし。
- ◆ 手順：
① 単語の始めの音が何か注目させる。

T : What's the first sound? Rice.
Ss : /r/
T : How about this time? Lice.
Ss : /l/

② このようにして、right（右）と light（光）, flute（フルート）と fruit（果物）, bloom（咲く）と broom（ほうき）, play（遊ぶ）と pray（祈る）などを練習する。

※音素が異なると意味が変わってしまうことを教えてください。

11. 手を叩いて音節を確認しよう!（Let's clap hands to find syllables!）（音素認識　Step 5　）

◆ 目的：単語を音節で分ける。
◆ 準備するもの：なし。
◆ 手順：

※以下、〈 〉の中は音節数、「・」は音節の切れ目を表します。

ape〈1〉（サル）, bear〈1〉（クマ）, croc・o・dile〈3〉（クロコダイル）, dog〈1〉（イヌ）, el・e・phant〈3〉（ゾウ）, fox〈1〉（キツネ）, gi・raffe〈2〉（キリン）, hip・po・pot・a・mus〈5〉（カバ）, i・gua・na〈3〉（イグアナ）, je・lly・fish〈3〉（クラゲ）, ko・a・la〈3〉（コアラ）, li・on〈2〉（ライオン）, man・drill〈2〉（マンドリル）, newt〈1〉（イモリ）, oc・to・pus〈3〉（タコ）, pan・da〈2〉（パンダ）, quail〈1〉（ウズラ）, rein・deer〈2〉（トナカイ）, squir・rel〈2〉（リス）, sting・ray〈2〉（アカエイ）, ti・ger〈2〉（トラ）, um・brel・la〈3〉（シロクラゲ）, vul・ture〈2〉（ハゲワシ）, wal・rus〈2〉（セイウチ）, ox〈1〉（雄牛）, yak〈1〉（ヤク）, ze・bra〈2〉（シマウマ）

① 先生が上記の単語を読んで、手を叩きながら音節の切れ目を示し、子どもに音節数はいくつか聞く。

T : Ape.
Ss :（手を1回叩き）1回。
T : Okay, let's do it together.（それではみんなでやってみよう）

② 全員で一斉に手を叩きながら単語を読む。

※手を叩くだけでは音節の区別がつきにくいという場合は、1音節は手を1回叩き、2音節のときは、最初の音節は頭を両手でポンと叩き、2つ目の音節は両肩を両手でポンと叩くようにすると、はっきり音節の切れ目がわかります。

※音節に分ける際、あごの下に手の甲を当てて、starと声に出してみてください。口が開く回数を数えると、音節の数と音節の切れ目がわかります。

※単語の音節の切れ目は、学習英和辞典などを使って確認することができます。

12. 音を入れ替えてみよう! 語頭の音に注目! その1（Let's change sounds! Pay attention to the beginning of words.）（音素認識　Step 6　）

◆ 目的: 音の入れ替えを通して音素認識を高める。
◆ 準備するもの: 表2「音の入れ替えに用いる表」（p.84）（先生用）。
◆ 手順:

① 単語の真ん中の音 a (/æ/) を基準にして、語頭の音だけを次々に入れ替えていく。ba, ca, fa, ma, na, pa, ra, sa, ta の順に進む。

　　T： Now, listen carefully. /bæ/. (さあ、よく聞いてください。/bæ/.) If I change /b/ to /k/, it sounds…? (/b/ の音を /k/ に変えると?)

　　Ss： /kæ/.

　　T： Very good. (よくできました)

② 単語の真ん中の音 e (/ɛ/) を基準にして、語頭の音だけを次々に入れ替えていく。be, ce, fe, me, ne, pe, re, se, te の順で進む。ce は /sɛ/ となるので注意。

　　T： Now, listen carefully. /bɛ/. (さあ、よく聞いてください。/bɛ/.) If I change /b/ to /f/, it sounds …? (/b/ の音を /f/ に変えると?)

　　Ss： /fɛ/.

　　T： Very good. (よくできました)

※このようにして、表2の真ん中の列の音（母音）を入れ替えて、2文字からなる音の入れ替え練習をしていきます。

13. 音を入れ替えてみよう! 語頭の音に注目! その2 (Let's change sounds! Pay attention to the beginning of words.) (音素認識　Step 6)

- ◆ 目的: 音の入れ替えを通して音素認識を高める。
- ◆ 準備するもの: 表2「音の入れ替えに用いる表」(p.84)(先生用)。
- ◆ 手順:

① at (/æt/) を基準にして、語頭の音だけを次々に入れ替えていく。bat, cat, fat, mat, nat, pat, rat, sat, tat の順に進む。

　T: Now, listen carefully. /bæt/. (さあ、よく聞いてください。/bæt/.) If I change /b/ to /k/, it sounds...? (/b/ の音を /k/ に変えると?)

　Ss: /kæt/.

② et (/ɛt/) を基準にして、語頭の音だけを次々に入れ替えていく。bet, cet, fet, met, net, pet, ret, set, tet の順に進む。cet は /sɛt/ となるので注意。

　T: Now, listen carefully. /bɛt/. (さあ、よく聞いてください。/bɛt/.) If I change /b/ to /m/, it sounds...? (/b/ の音を /m/ に変えると?)

　Ss: /mɛt/.

※同じようにして、次は it (/ɪt/) を基準にして、b, f, m, n, p, r, s, t と最初の音を入れ替えていきます。

※3文字の語は、実際に存在しない語である場合もありますが、ここでは英語の音素を入れ替えて音を組み合わせることで、耳の訓練をしてください。語の意味は、最初に音素の入れ替え練習をひととおり行ってから確認してください。意味を無視した練習は良くありませんが、音素と意味の指導を同時に行うと、音素の聞き取りに集中できなくなります。

14. 音を入れ替えてみよう! 語尾に注目! (Let's change sounds! Pay attention to the end of words.)
(音素認識　Step 6)

- ◆ 目的: 音の入れ替えを通して音素認識を高める。
- ◆ 準備するもの: 表2「音の入れ替えに用いる表」(p.84)(先生用)。
- ◆ 手順:

① ba (/bæ/) を基準にして、語尾の音だけを次々に入れ替えていく。bat, bas, bap, ban, bam, baf, bab, bad の順に進む。

T: Now, listen carefully. /bæt/. (さあ、よく聞いてください。/bæt/.) If I change /t/ to /s/, it sounds…? (/t/ の音を /s/ に変えると?)

Ss: /bæs/.

② be (/bɛ/) を基準にして、語尾の音だけを次々に入れ替えていく。bet, bes, bep, ben, bem, bef, beb, bed の順に進む。

T: Now, listen carefully. /bɛt/. (さあ、よく聞いてください。/bɛt/.) If I change /t/ to /s/, it sounds…? (/t/ の音を /s/ に変えると?)

Ss: /bɛs/.

※このようにして、次は bi (/bɪ/) を基準にして、t, s, p, n, m, f, b, d と最後の音を入れ替えていきます。

15. 音をつなげて単語を作ろう!（Let's make words putting sounds together!）(音素認識　Step 6　)

◆ 目的: 音をつなげて単語を作る。
◆ 準備するもの: 表3「終わりの音が韻を踏んでいる語」(p.84)（先生用）。
◆ 手順:

① ad を基準にして、b, d, m, s をつなげて単語を作る。

T: If you add /b/ to /æd/, how does it sound? (/æd/ に /b/ を加えたらどんな音になるかな?)

Ss: /bæd/.

T: Good. What does /bæd/ mean? (/bæd/はどんな意味かな?)

Ss: 「悪い」

T: How about if you add /d/? (では、/d/ を加えると?)

Ss: /dæd/.

T: Good. What does /dæd/ mean? (/dæd/はどんな意味かな?)

Ss: 「お父さん」

② bag, lag その他に関しても同じように行う。

表1-1　Angry alligatorカード（表面）

Aa	Bb	Cc	Dd
Ee	Ff	Gg	Hh
Ii	Jj	Kk	Ll
Mm	Nn	Oo	Pp

Qq	Rr	Ss	Tt
Uu	Vv	Ww	Xx
Yy	Zz		

表1-2　Angry alligator カード（裏面）

Angry alligator	Big bear	Cute cat	Dizzy dog	Elegant elephant
Fat fish	Grouchy gorilla	Happy horse	Itchy iguana	Jealous jaguar
Kind kangaroo	Lazy lion	Merry monkey	Nervous newt	Odd octopus
Poor platypus	Quiet quail	Rolling raccoon	Slow snake	Tall toucan
Uncomfortable umbrellabird	Vivid vulture	Wacky worm	Thanks x-ray fish	Young yak
Zany zebra				

以下はカード裏面に使われている用語の意味です。

Angry alligator（怒ったワニ）／Big bear（大きなクマ）／Cute cat（かわいいネコ）／Dizzy dog（めまいがするイヌ）／Elegant elephant（優雅なゾウ）／Fat fish（太った魚）／Grouchy gorilla（不機嫌なゴリラ）／Happy horse（幸せなウマ）／Itchy iguana（かゆいイグアナ）／Jealous jaguar（ヤキモチジャガー）／Kind kangaroo（優しいカンガルー）／Lazy lion（けだるいライオン）／Merry monkey（愉快なサル）／Nervous newt（神経質なイモリ）／Odd octopus（変なタコ）／Poor platypus（貧しいカモノハシ）／Quiet quail（静かなウズラ）／Rolling raccoon（転がるアライグマ）／Slow snake（のろのろしたヘビ）／Tall toucan（背の高いオオハシ）／Uncomfortable umbrellabird（心地悪そうなアンブレラバード）／Vivid vulture（はつらつとしたハゲワシ）／Wacky worm（とっぴなミミズ）／Thanks x-ray fish（ありがとうグラスフィッシュ）／Young yak（若いヤク）／Zany zebra（ひょうきんなシマウマ）

表2　音の入れ替えに用いる表

b		t
c		s
f	a	p
m	e	n
n	i	m
p	o	f
r	u	b
s		d
t		

次の表は、短母音（a, e, i, o, u）を含む2〜4文字（1音節）の語を中心にまとめてあります。

表3　終わりの音が韻を踏んでいる語

ad	bad, dad, mad, sad		ed	bed, red, Ted
ag	bag, lag, tag		eg	beg, leg, Greg
am	dam, ham, jam, Pam		en	Ben, hen, men, pen, ten
an	can, fan, man, plan, van		et	bet, get, jet, net, pet, set, wet
ap	cap, gap, lap, map, nap, tap			
at	bat, cat, fat, mat, pat, sat			
id	kid, lid		ob	Bob, job, Rob
ig	big, dig, fig, pig, wig		od	cod, god, nod

im	Jim, Kim, Tim, swim	og	dog, fog, jog, log
in	bin, fin, pin, win, chin	op	hop, mop, top, stop, chop
ip	dip, hip, lip, trip, chip, ship	ot	hot, not, pot
it	fit, hit, it, sit	ox	box, fox
ix	fix, mix, six		
ub	cub, tub, rub		
ug	bug, hug, mug, rug		
um	drum, gum, plum, yum		
un	bun, fun, gun, run, sun		
ut	but, cut, gut, hut, shut		

フォニックスを使った読み書きの指導

　本章では、文字と音を結びつけるフォニックスの指導を紹介します。文字と音の関係にはいろいろなルールがあり、またそれらを習得するための練習もさまざまです。本書では、ルールを教えることを目的とするのではなく、まず文字に慣れ親しむことから始め、アルファベットの【名前】読みと【音】読みを学習し、文字をつなぎ合わせたり入れ替えたりして、3文字程度の単語を正確に読む練習をします。

　文字の読みの指導に入る前に、音声を中心に英語をたくさん聞かせ、次に実践編第1章「音素認識を高める指導」を行ってください。またフォニックスの指導を行う際には、音素認識を高める指導も同時に行ってください。

 ## 1. この英語は何て書いてあるのかな？（What does it say here?）

◆ 目的：フォニックスの指導に入る前に、身の回りには英語がたくさんあふれていることを認識させ、文字に慣れ親しませる。

◆ 準備するもの：英語が書かれたお菓子の袋や雑誌広告などの実物と、それらを含め街中のコンビニエンス・ストア、ファストフード店の看板（Google imageなどで検索）など身の回りで目にする英語をカードの形にしたもの（グループの数の分用意）。カードの表は袋や広告そのものを貼りつけ、裏は英語だけを書き写しておく。

◆ 手順：

① 準備した広告や菓子袋などの実物を子どもたちに見せ、何と書かれているか聞く。子どもたちは英語が読めるのではなく、経験から菓子袋や看板に書かれている英語がわかるので、何と書いてあると思うかでよい。

② 袋や広告を見ながら、書かれている英語を一つひとつ文字をたどって読んで聞かせる。その後、子どもたちと一緒に文字を繰り返し読む。

③ 4人1組のグループを作る。英語カードの英語だけが書かれた側を上にして、机の上に広げさせる。先生が"chocolate"と言ったら、そのカードを指す。合っているか、裏返して確認させる。グループ内で、誰が何回最初にカードを指すことができたかを競う。

※可能であれば、英語が書いてある袋などを、子どもたちに持ってこさせることもできます。子どもたちは英語に目を向け関心を持つようになります。

2. ABCを読んでみよう!（Let's read ABCs!）（フォニックス Step C-1 ）

◆ 目的：長母音の読み（アルファベットの【名前】読み）と、短母音の読み（アルファベットの【音】読み）の習得。
◆ 準備するもの：ABCカード（表が大文字、裏が小文字になっているもの）。
◆ 手順：ここでは小文字が書かれた側を使う。
① 先生が、aから順にカードをめくって、アルファベットの【名前】(/eɪ/) を読み、子どもたちが後について発音する。zまで行う。
② 先生がカードをめくり、読まずに子どもたちに見せ、アルファベットの【名前】を答えさせる。
③ 先生が、aから順にカードをめくって、アルファベットの【音】(/æ/) を読み、子どもたちが後について発音する。zまで行う。
④ 先生がカードをめくり、読まずに子どもたちに見せ、アルファベットの【音】を答えさせる。

※ここではアルファベット順に行ってください。

3. Aaの音は /æ/ /æ/ /æ/（Aa says /æ/ /æ/ /æ/.）（フォニックス Step C-1 ）

◆ 目的：長母音の読み（アルファベットの【名前】読み）と短母音の読み（アルファベットの【音】読み）の習得。
◆ 準備するもの：ABCカード（表が大文字、裏が小文字になっているもの）、またはAngry alligatorカード（実践編第1章で作成）の絵が描かれている面を使ってもよい。
◆ 手順：AaからZzまで1つずつ文字を見せながら、以下のように教えていく。ABC

カードを用いる場合は、大文字の面と小文字の面を両方見せながら行う。

T： Aa says /æ/ /æ/ /æ/.
　　 Bb says /b/ /b/ /b/.

4. Aaはangry alligatorの音（Aa says angry alligator.）（フォニックス Step C-2 ）

母音

◆ 目的：長母音の読み（アルファベットの【名前】読み）と短母音の読み（アルファベットの【音】読み）の習得。
◆ 準備するもの：Angry alligatorカードのうち、母音 Aa, Ee, Ii, Oo, Uu.
◆ 手順：
① Angry alligatorカードの表面（絵が描いてある面）を使って、アルファベットの【名前】読みと【音】読みを、先生がカードの文字を指しながら発音し、子どもたちが後について繰り返す。以下の表の最初の文字（Aa）は【名前】読み（/eɪ/）、最後（/æ/）は【音】読み。

※ここでは文字の形を間違えないようにするために（理論編第3章を参照）、大文字と小文字の両方を並べて書いていますが、読む際は、例えば、Aaを /eɪ/ /eɪ/ と2回読むのではなく、/eɪ/ と1回だけ読んでください。

●	●	●	●	●	●
Aa	says	alligator,	angry	alligator	/æ/ /æ/ /æ/.
Ee	says	elephant,	elegant	elephant	/ɛ/ /ɛ/ /ɛ/.
Ii	says	iguana,	itchy	iguana	/ɪ/ /ɪ/ /ɪ/.
Ou	says	octopus,	odd	octopus	/ɑ/ /ɑ/ /ɑ/.
Uu	says	umbrellabird,	uncomfortable	umbrellabird	/ʌ/ /ʌ/ /ʌ/.

T： Repeat after me. Aa says alligator, angry alligator /æ/ /æ/ /æ/.
Ss： Aa says alligator, angry alligator /æ/ /æ/ /æ/.
T： Ee says elephant, elegant elephant /ɛ/ /ɛ/ /ɛ/.

Ss : Ee says elephant, elegant elephant /ɛ/ /ɛ/ /ɛ/.　※同じようにUまで行う。
② 先生の後について、文章を完成させる。
　　T : Aa says ... ?
　　Ss : alligator, angry alligator /æ/ /æ/ /æ/.
　　T : Ee says ... ?
　　Ss : elephant, elegant elephant /ɛ/ /ɛ/ /ɛ/.　※同じようにUまで行う。

※●の部分で手を叩きながら発音すると、リズムも学べます。iguanaは第2音節のa, umbrellabirdは第2音節のeの部分で手を叩いてください。
※アルファベットの【名前】読み（長母音の読み）では、子どもたちがAaを「エー」と読んだり、Ooを「オー」と読んだりしないように注意してください。
※アルファベットの【音】読み（短母音の読み）では、Aa, Oo, Uuの発音が、日本語の「ア」にならないように注意してください。発音に関しては巻末「発音する際の口の形」（p.172）を参照してください。また、アルファベットの【名前】読みと【音】読みに関しては、p.xを参照してください。
※angryなどの形容詞を入れると難しいという場合は、"Aa says alligator, /æ/ /æ/ alligator."とすることもできます。

子音

◆ 目的：アルファベットの子音の【名前】読みと【音】読みの習得。
◆ 準備するもの：Angry alligatorカード。
◆ 手順：母音と同じ手順で、1回に5～6個のアルファベットの文字を教える。

●	●	●	●	●	●
Cc	says	cat,	cute	cat	/k/ /k/ /k/.
Dd	says	dog,	dizzy	dog	/d/ /d/ /d/.
Ff	says	fish,	fat	fish	/f/ /f/ /f/.
Gg	says	gorilla,	great	gorilla	/g/ /g/ /g/.
Hh	says	horse,	happy	horse	/h/ /h/ /h/.

※Cc (/siː/) を「シー」と読んだり、Ff (/f/) を「フ」と読んだりしないように指導してください。ほかに、Hh (/eɪtʃ/), Jj (/dʒeɪ/), Kk (/keɪ/) など、名前読みが「エッチ」「ジェー」

「ケー」とならないように、また、Ll (/l/), Rr (/r/), Vv (/v/) などの【音】読みに特に注意しましょう。

※ cute などの形容詞を入れると難しいという場合は、"Cc says cat, /k/ /k/ cat." とすることもできます。

5. アルファベット表を読んでみよう！(Let's read alphabet!)（フォニックス Step C-2~C-3, C-6 ）

◆ 目的：アルファベット2文字をつなげて【音】読みする。
◆ 準備するもの：以下の表4を黒板に貼る。ローマ字学習と混同しないようにするために、母音はa i u e oではなく、a e i o uの順に並べる。

表4　アルファベット表

a /æ/	e /ɛ/	i /ɪ/	o /ɑ/	u /ʌ/
ba	be	bi	bo	bu
da	de	di	do	du
fa	fe	fi	fo	fu
ga	ge	gi	go	gu
ha	he	hi	ho	hu
ja	je	ji	jo	ju
ka	ke	ki	ko	ku
la	le	li	lo	lu
ma	me	mi	mo	mu
na	ne	ni	no	nu
pa	pe	pi	po	pu
qua	que	qui	quo	qu
ra	re	ri	ro	ru
sa	se	si	so	su
ta	te	ti	to	tu
va	ve	vi	vo	vu
wa	we	wi	wo	wu
ya	ye	yi	yo	yu
za	ze	zi	zo	zu

◆ 手順：
① 先生がa e i o uの順に1つずつ読んで、子どもたちが後について発音する。
② aの列、eの列というように縦に順に読んで、子どもたちが後について発音する。

※ 子どもたちに読ませてみて、読みが正確でない場合は何度も練習します。

6. この音で始まるのはどれ？（Which one begins with this sound?）

/s/ それとも /ʃ/?（/s/ or /ʃ/?）（フォニックス Step C-2 ）

◆ 目的：sは /s/, sh は /ʃ/ と読むことの習得。
◆ 準備するもの：動物の写真が貼られたカード（実践編第1章のアクティビティ3で準備したものを使用）。表面に動物の写真、裏面に英語だけが書かれているカードにする。
◆ 手順：
① snake と shark の絵を黒板に貼る。
　　T： Which one begins with /s/?（/s/ で始まるのはどっち？）　※正解＝snake.
　　S： Snake.
　　T：（※ここでカードを英語の面にして）Very good. Repeat after me. Snake.
※ほかの動物も使って練習し、使ったカードは、英語の書かれている側を表にして、/s/ で始まるものを黒板の左側、/ʃ/ で始まるものを右側にまとめておきます。
② 左側にまとめた動物の英語と、右側にまとめた動物の英語の最初の音と文字の違いがわかるか聞く。
③ 左側はsから始まり /s/ の音、右側はshから始まり /ʃ/ の音。sは /s/, shは /ʃ/ と発音することを教える。
④ 全員で一緒に、語頭に注意して、まず黒板の左側に置いたカードの英語を、次に右側に置いたカードの英語を読む。文字を指し、音素を確認しながら一つひとつ読んでいく。
※ "/h/ or /f/"、"/r/ or /l/" についても、実践編第1章のアクティビティ3に出てきた単語を使って、同じように行います。

 7. AそれともB？（A or B?）

/æ/ それとも /ʌ/?（/æ/ or /ʌ/?）（フォニックス Step C-4, C-6 ）

◆ 目的：/æ/ と /ʌ/ の音に注意しながら、簡単な3文字程度の単語を読む。
◆ 準備するもの：なし。

◆ 手順:
① 黒板にcapと書き、一つひとつの音素を離して読む。
　T： Let's read this together. c--a--p（一緒に読んでみよう。/k/-/æ/-/p/）※/k/-/æ/-/p/
　　　と【音】読みする。
　　　What's the word?（どんな単語かな?）
　S： Cap.
② 次にcupと板書する。一つひとつの音素を離してc--u--p（/k/-/ʌ/-/p/）と読み、①と同じようにどんな単語か確認する。
③ capとcupをランダムに聞かせて、どっちの単語を言ったか聞く。
　T： Which word did I say? Cap or Cup?（どっちを言ったかな? Capそれとも Cup?）
※ "/æ/ or /ɛ/" についても、p--a--n（/p/-/æ/-/n/）と p--e--n（/p/-/ɛ/-/n/）を使って、同じように行います。

 8. サイトワードを読んでみよう!（Let's read sight words!）

◆ 目的: sight wordを見てそのまま覚えさせる。
◆ 準備するもの: なし。
◆ 手順・指導のポイント:
※以下はサイトワードが使われる文の例です。毎回の授業で行われる日時の確認には、サイトワードに含まれる語がたくさん出てきます。これらは子どもたちに口頭で質問するだけでなく、文章を黒板に書き出しておいて、指で一つひとつ指しながら質問します。子どもたちは毎日の繰り返しで「見て覚える」ことができるようになります。斜体で示したのがサイトワードです。

What is the date *today*?（今日は何日ですか）
What day is it today?（今日は何曜日ですか）
What time *is it now*?（今何時ですか）
How is the weather *today*?（今日の天気はどうですか）
How are you?（元気ですか）

実践編──第2章　フォニックスを使った読み書きの指導

9. 単語を音節に分けてみよう！（Let's divide words into syllables!）（フォニックス Step C-5 ）

◆ 目的：「子音が2つ続く時は、それを切り離す」ことを学び、単語を読む。
◆ 対象学年：小学6年生～中学3年生。
◆ 準備するもの：下記表5の語彙を板書。
◆ 手順：

表5　音節の分け方と読み方

VCV 《長母音》 【名前】読み	VCCV 《短母音》 【音】読み
super	supper
cute	cutter
tiger	happy
paper	rabbit
diner	dinner
ruler	letter
open	lesson
	summer
	hello
	pepper

① "super"を指して、どう読むか聞く。
② 次に"supper"を指して、どう読むか聞く。
③ 先生は【名前】読みの列を"super"から"open"まで縦に読んでいき、次に【音】読みの列を"supper"から"pepper"まで読んでいく。
④ 左側の語と右側の語の読み方で、何か違いに気づいたか聞いてみる。
⑤ 「子音が2つ続く時は、それを切り離す」「切り離した子音の前の母音は【音】読みになる」ことを教える。
⑥ 子音を線で切り離し（例：sup|per）【音】読みで全員で読んでみる。

※ superのuを /ʌ/ と発音すると /sʌ́pər/ となり、supperと同じ発音になってしまいます。VCV（母音－子音－母音）からなる語は、最初の母音で区切るので、superはsu・perとなります。この場合、uの音は長母音で、アルファベットの【名前】読み（/uː/）になります。一方、VCCV（母音－子音－子音－母音）からなる語は、CCの間で分けるので、supperはsup・perとなります。このuは短母音で、アルファベットの【音】読み（/ʌ/）になります。

10. 単語を読んでみよう！（Let's read words!）（フォニックス Step C-6 ）

◆ 目的：短母音の3文字からなる単語を読む。
◆ 準備するもの：なし。

◆ 手順：
① 先生は "Let's read words."（語を読んでみよう!）と言って、下記の1）を板書する。
② 子どもたちに1）を最初から読ませてみる。
③ 1）の語の中のaの文字に下線を引き、下線のaはどれも /æ/ と発音することを意識させる。

※冠詞のaは /ə/（あいまい母音）となり、/æ/ の発音にはなりません。また、所有格（Dad'sやBen'sなど）の前後には冠詞（a, an, the）はつかないので注意してください。

④ 子どもたちと一緒に語を最初から読む。文字の読みにつかえたら、例えば「Bb says /b/. だったね」と、ヒントを与えて読み方を教える（【名前】と【音】と単語をセットにしたものは、実践編第4章にも出てくるので参照）。
⑤ 意味を確認し、何度も読む練習をする。
⑥ 2）〜5）も①から⑤のように繰り返し、読みの練習をする。

　1）A bag. Dad's bag. A mat. A bag on a mat.　※aはどれも /æ/ と発音。
　2）A hen. Ben's hen. A leg. A hen on a leg.　※eはどれも /ɛ/ と発音。
　3）A pig. Kim's pig. A wig. A pig with a wig.　※iはどれも /ɪ/ と発音。
　4）A dog. Rob's dog. A box. A dog in a box.　※oはどれも /ɑ/ と発音。
　5）A cup. Mum's cup. A duck. A duck in Mum's cup.　※uはどれも /ʌ/ と発音。

11. ストーリーを作ろう!（Let's make a story!）（フォニックス Step C-6 & D ）

◆ 目的：同じ音素で始まる語を集めて、フォニックス・ストーリー（phonics story）を作る。
◆ 対象学年：小学6年生〜中学3年生。
◆ 準備するもの：表6（p.99）を参照し、ワードリスト（模造紙）を作成する。一度にA〜Dくらいの分量で、それぞれ4語ずつ用意し、その中に必ず形容詞を1つ入れる。黒板にそのワードリストを貼る。模造紙は4等分して、例えば、Aの欄にanxious, ant, arrow, apple、Bの欄にbear, ball, bored, busyなどと書いておく。
◆ 手順：
① on（上に）, in（中に）, with（〜と一緒に／〜をつけた）などの前置詞、および、「〜の（所有格）」を表す 's を教え、例を出す（A bag. Dad's bag. A mat. A bag on a mat. など）。この際に、不特定の1つを表す冠詞 a/an も教えておく（anは母音の

前に使われる)。
② 4人1組のグループを作り、ワードリストを使って、同じ音で始まる単語を集めストーリーを作る。

例) /æ/　An anxious ant. An anxious ant on an arrow. (心配そうなアリ。矢の上に乗っかった心配そうなアリ)

　　/k/　A kinky kangaroo. A kinky kangaroo with a kite. (気まぐれなカンガルー。凧を持った気まぐれなカンガルー)

　　/r/　A red rose. A red rose on a rooster. (赤いバラ。おんどりの上に赤いバラ)

③ できあがったストーリーは、グループで画用紙(B5程度の大きさを横にして使用)に1枚ずつ、英語とその内容を表す絵を描くように指示する。
④ グループごとに前に来て、作成したストーリーの絵を披露しながら、英語を読んで発表させる。この時、意味も言わせる。

※使ったワードリスト(模造紙)は、教室の壁に貼っておきます。新しい語を教えたら、そのリストに追加していきます。
※ストーリーの画用紙がいくつか溜まったら、同じ音で始まる単語ごとに、例えば"Phonics story Aa"として紐でくくり、本の形にして、教室内の図書コーナーに所蔵し、子どもたちがいつでも読めるようにしておきます。

12. ポエムを読んでみよう!（Let's read a poem!）（フォニックス Step E ）

◆ 目的：韻を踏んでいる語を見つけ、ポエムを読む(実践例❷(p.103)を参照)。
◆ 準備するもの：模造紙に書いた"Zero the Hero"のポエム。
◆ 手順：
① 先生が指で文字を指しながら読んでいく。
② 韻を踏んでいる部分がどこか聞く。
※正解＝ zeroとheroが /oʊ/、schoolとfoolが /uː/、came, save, space, stay, placeが /eɪ/ と、それぞれ韻を踏んでいる。
→ooを /uː/ と読むこと、came, save, spaceやplaceのeは読まずに(「サイレントe」という)、aの読みはアルファベットの【名前】読み(/eɪ/)になることを教える。
③ ポエムの意味を確認する。
④ 全員で先生の後について何度も読み、練習する。

⑤ 子どもたちが"Zero the Hero"の部分を読み、先生がそのほかの部分を読む。その後、役割を交代する。

Zero the Heroのポエム

Zero the Hero Came to school. Zero the Hero He's no fool. Zero the Hero Saves a space So all the other numbers Stay in their place! -Poet Unknown 1 2 3 4 5 6 7 8 9 10	Zero the Heroが 学校にやってきた Zero the Heroは バカじゃないんだよ Zero the Heroは スペースを確保しているんだ みんなほかのメンバーが ちゃんと自分の位置にいられるようにね -作者不明 12345678910

13. 文字をつなげて語を作ろう!（Let's make words!）（フォニックス Step C-6 ）

◆ 目的: アルファベットの【音】読みと、「サイレントe」により【名前】読みとなる語の読みの習得。
◆ 準備するもの: なし。
◆ 手順:
① 3文字の単語、例えば、catを板書する。
② 読み方を確認してから、「catのcをpにしたらどんな語になるかな」（※正解＝patになる）、「それではcをmにしたら？」（※正解＝matになる）などと、文字を入れ替えることでいろいろな語ができることを、板書しながら教える。
③ matの最後にeをつける。最後にeがつくと、eは読まずに、aの発音はアルファベットの【名前】読み（/eɪ/）になることを教える。
※eを読まないフォニックスのルールを「サイレントe」と言います。
④ mateの読み（/meɪt/）を確認する。ルールがつかめたら、lateやdate, gate, game, fame, fake, bake, cake, lake, make, tape, capeなどがどんな読みになるか聞く。このとき意味を確認することを忘れずに。
⑤ この後、basketballやbadminton, track and field（これらはアルファベットの【音】読

み), baseball, table tennis (これらはアルファベットの【名前】読み) のaはそれぞれどのように発音するか聞く。

14. アルファベットを書いてみよう！(Let's write alphabet!)（フォニックス Step D ）

◆ 目的：アルファベットを書く。
◆ 準備するもの：ホワイトボード（100円ショップで買えるA4程度の大きさのホワイトボードを、子どもたち全員に配布）。
◆ 手順：
① 先生がまず文字の【名前】読み（例えば、/eɪ/）を発音。子どもたちはその文字をホワイトボードに書く。
② 文字が書けたらホワイトボードを高く上げて先生に見せるように指示する。
③ 文字の【名前】読みがひととおり終わったら、次に文字の【音】読み（/æ/）をし、子どもたちがその文字をホワイトボードに書く。書き終わったら、ホワイトボードを高く上げさせる。
※アルファベットは大文字と小文字の両方を書かせます。

15. 単語を作ろう！(Let's make words!)（フォニックス Step D ）

◆ 目的：音素が変わるといろいろな語ができること、また韻を踏んでいる語を作成することで音素と文字の関係を学習する。
◆ 準備するもの：ホワイトボード（子どもたち全員に配布）。
◆ 手順：
① 実践編第1章の表3（p.84）を参照し、まずadと板書する。子どもたちと一緒に読む（/æd/）。
② adの先頭にbを足してbadとし、子どもたちに読ませ、発音を確認。意味も確認する。
③ 次に、bを取ってmをつけるとどうなるか、子どもたちに読ませ、発音を確認。意味も確認する。
④ このようにして、実践編第1章の表3（p.84）の中のオンセット（例：badのbやmad

のmにあたる部分) とライム (例: adにあたる部分) を、音を足したり引いたりして作る。
⑤ 子どもたちにホワイトボードを配る。先生がagと板書し、ホワイトボードに書き写すように指示する。
⑥ 以下のように、まずb (/b/) をホワイトボード上のagの前に書かせる。
  T: Let's write /b/ before ag (/æg/). (ag (/æg/) の前に /b/ と書いてみよう)
  T: What is this word? (この単語は何ですか)　※bagという語ができるので、発音と意味を確認する。
  T: Now, let's write /l/ before ag (/æg/). (ag (/æg/) の前に /l/ と書いてみよう)　※単語の意味を聞き、lagの発音と意味を確認する。
  先生は板書したbagのbは消さずに、bの下にlを書く。
⑦ bagとlagが韻を踏んでいることを確認。子どもたちと一緒に読む。
⑧ 最終的に、教えた語すべてをみんなで音素に注意しながら読んでいく。

16. どんな単語があるかな? (What word do we have?)
(フォニックス　Step D)

- 目的: 音素と文字の関係の習得。音素を入れ替えていろいろな語を作る。
- 準備するもの: ホワイトボード (子どもたち全員に配布)。
- 手順:
① ホワイトボードに文字を3つほど (例えば tif) 書かせ、一緒に発音する。先生は板書する。
② この中で母音はどれか聞き、iと答えられたら、"Okay, let's change the vowel." (それじゃあ、母音を変えてみよう) と言って、子どもたちにどんな母音があるか聞く。
③ もしeと言ったら、子どもたちにiを消してeを書くように指導。tef はどう発音するか聞く。
④ 次に「fの音をdの音に変えよう」と言い、fを消してdを加え、tedと書かせる。「どんな単語になった? tedだね。男の子の名前だね」と確認しながら進める。
⑤ この後、tをbに変えてbedと書かせ、意味を確認。同じ要領で、dをnに変えてtenとするなどして、いろいろな語を作らせる。

※無意味語 (nonsense word: NW) になった場合は、そのまま次へ進んでください。

17. 今日は何を書きたいですか？（What do you want to write today?）（フォニックス Step D ）

◆ 目的：自分の好きな単語を英語で書いてみる。フラッシュカードを作成する。
◆ 準備するもの：縦横5cmほどの白紙のカードを子どもの人数分。
◆ 手順：
① 子どもを1人選んで、どんなことばを書いてみたいか聞く。例えば「宇宙船」と言ったら、子どもたち全員がカードの表面に宇宙船の絵を描き、色鉛筆で色を塗る。
② 先生が宇宙船は英語で何というか、子どもたちに質問する。子どもからことばが出てこない場合は、"spaceship"であると教え、"/ssss/... /p/-/p/-/p/... /eɪ/ /ssss/ /ʃʃʃʃ/ /ɪ/ /p/"と発音し、1文字ずつ黒板に書いていく。
③ 子どもたちは先生が板書した語をカードの裏に書く。
※子どもがどんな言葉を言い出すかわからないので、和英辞典を用意しておき、発音はALTの先生にしてもらうなどするといいでしょう。
※1日に2語くらいずつ作って、少しずつフラッシュカードを完成させていきます。

　以下の表6は、同じ発音で始まる単語をアルファベットの文字ごとに集めたものです。これらの語は、子どもたちと一緒にカードを作成し、模造紙を4等分にした空欄のポスターにAaで始まる単語を貼りつけるなどして、常に目に触れるようにしてください。音素を意識した単語の習得の役に立ちます。なお、Xxとngに関しては語中あるいは語尾にこれらの文字が使われています。

表6　同じ発音で始まる単語

| Aa /æ/ | alligator, apple, ant, astronaut, alphabet, arrow, angry, active, anxious | Bb /b/ | bear, banana, ball, book, bath, boy, bed, bat, box, bird, beach, back, beautiful, bad, best, big, blue, bold, bored, bossy, brave, busy, black | Cc /k/ | cat, car, cookie, crab, cream, cake, candy, cow, clock, crown, curious, cold, cool, calm, caring, cute, clean, crazy, curly, cloudy, count, colorful |

Dd /d/	dog, doll, doctor, dinosaur, dragon, donkey, drum, duck, deer, dice, dark, dance, dead, deep, dangerous, difficult, dizzy, dusty, dynamic, draw	Ee /ɛ/	elephant, engine, egg, exit, elevator, elegant, elbow, end	Ff /f/	fox, fish, flower, flamingo, fruit, frog, flag, friend, farm, father, feather, fun, fat, fan, four, five, funny, Friday, France
Gg /g/	goat, grapes, ghost, glasses, gloves, golf, game, goose, girl, grass, guitar, green, great, get	Hh /h/	hat, house, horse, helicopter, hippo, hand, hill, hole, heaven, hell, ham, heart, helmet, hug, hamburger, hose, haunted, happy, help, huge, hurray	Ii /ɪ/	insect, igloo, ink, indigo, iguana, itchy, in, ill, India
Jj /dʒ/	jeans, jam, jacket, jaguar, jelly, joy, jellyfish, jigsaw, jump, jog, juggle	Kk /k/	kangaroo, koala, kite, kick, king, kitten, kinky, kid, kiss, kiwi fruit, key	Ll /l/	lion, lemon, leaf, ladder, leg, lamb, letter, lamp, line, log, lead, ladybird, large, little, lonely, love
Mm /m/	monkey, milk, magnet, mirror, mitten, music, mocking, mother, mushroom, moon, money, mouse, Monday	Nn /n/	nest, nail, neck, necktie, necklace, nice, newt, net, news, nose, nut, nurse, nervous, nine, next, nap	Oo /ɑ/	octopus, ox, olive, odd, October, option, on, opportunity
Pp /p/	piano, pool, pen, pan, pot, pet, pig, pillow, pumpkin, parrot, pear, paint, ping-pong, pick, polar bear, pink, popcorn, penguin	Qq /k/	queen, quiz, quilt, question, quack, quarter, quiet, quail	Rr /r/	rainbow, rope, rain, ring, road, red, rake, rooster, rabbit, rose, rice, raspberry
Ss /s/	sunshine, sun, song, sea, sell, sail, sky, sea star, sock, stop, strawberry, sausage, spider, snake, Santa, snow, snowman, six, small, soft, sing, Saturday, Sunday, seven, swim, smile, ski	Tt /t/	table, turtle, tiger, toy, tennis, tail, train, tractor, turkey, tree, two, tall, today, tomorrow, tired, Tuesday	Uu /ʌ/	umbrella, uncle, underwear, up, umbrella-jelly, umbrellabird, umpire, under, upside-down
Vv /v/	volcano, violin, vase, vest, view, van, vulture, vegetable	Ww /w/	world, wax, wolf, wool, winter, window, witch, wet, watch, water, worm, watermelon, wedding, wow, Wednesday	Xx /ks/	x-ray, fox, box, exercise

Yy /j/	yo-yo, yacht, yoga, yogurt, you, yack, yuck, yolk, yellow, yesterday, yawn, yell, yam	Zz /z/	zebra, zipper, zoo, zombie, zucchini, zip, zig-zag, zero	ph /f/	phone, photo, phonics, phoenix
th /θ/	think, thank, three	th /ð/	this, that, the, they, these, those, them	sh /ʃ/	shoe, sheep, sheet, shovel, shave, shut, shock, shoot, sharp, shout, share, she, shine
ch /tʃ/	chair, child, chain, chicken, chat, check, cheetah, China, cheap, chocolate, cheese	wh /(h)w/	what, when, why, who, which, where, wheel, whale, white	ng /ŋ/	sing, king, ring, long, young, song

 実践例

　音素認識およびフォニックスの指導の実践例を紹介しましょう。以下は、カリフォルニア州ロサンゼルス郡、TorranceにあるYukon Elementary Schoolで、幼稚園前（Pre-K）、幼稚園、小学校で30年以上にわたって子どもたちの指導に当たってきたMrs. Sniegowskiの音素・音韻認識、フォニックスの指導の授業風景です。

実践例❶

> ### ハングマンを使った音素・音韻認識およびフォニックスの指導の実践例
>
> 　Mrs. SniegowskiのPre-Kのクラスでは、フリップ・チャート（flip chart）を使いながら音素認識と文字の書き方を指導します。そのために毎日の授業で、子どもを1人、クラスの前に来させます。この日はEmilyちゃんの番です。Mrs. SniegowskiはEmilyちゃんの名前の文字を一つひとつ発音し、書き順に注意しながらフリップ・チャートに書いていきます。その後、"What food do you love the most?"（いちばん好きな食べ物は何?）とEmilyちゃんに質問します。Emilyちゃんが"french fries"と答えると、"Oh, how many like french fries?"（フライドポテトを好きな人は?）と子どもたちに質問して、子どもたちの注意を引きます。そして先生

は"Emily loves french fries."（エミリーはフライドポテトが好きなのよね）と言いながら、french friesの文字の数だけ線を書いていきます。

次にアルファベットにはどんな母音があるかを聞いて、フリップ・チャートに、a, e, i, o, uと、半母音のyを1つずつ発音しながら赤で書きます。そしてその下にハングマンの棒の部分を描きます。ハングマンは頭を表す丸と腕や足を含めて、6回間違えるとハング（首吊りの刑に）されてしまうというゲームですが、あまり大きな意味はありません。子どもたちと先生の対抗で、先生は子どもたちが「処刑」されないように工夫します。注意を途切らせないで、最後までできるように勇気づけるのに役に立っているようです。

先生は次に、"What letter does french fries have?"（フライドポテトにはどんな文字があるかな?）と子どもたちに聞くと、子どもたちは一斉に元気に手をあげます。Emilyちゃんに指された子は、"Does it have an 'e'?"（eは入っていますか?）と質問します。eはfrench friesの中に入っているので、先生は"Good girl!"（いいねー!）と言って、eが入る位置にeを書き入れます。次にEmilyちゃんに指された子どもが"Does it have an 'f'?"と質問すると、先生は"Good for you!"（よくできました!）と言って、fを書き入れます。fの音は、先生は"lip cooler"（くちびる冷まし）と呼んでいました。fの音は、唇を噛んでフーフーと、まるで唇を冷やすかのようだからでしょう。とても覚えやすい表現です。

子どもからchが出てこないので、先生は"It's the same sound as chocolate, and cheese burger."（chocolateとかcheese burgerの音と同じですよ）と例を出します。子どもがchと答えると先生は、該当箇所に書き入れ、chの下に両者をつなげて、"They are happy together."（2つは一緒で幸せなのね）と言って、2つの文字で1つの音であることを教えます。またfriesのsを、"It's acting like a 'z'."（zの音のようなふるまいをするんだね）と言って、そのsの音は /z/ となることを印象的に教えています。

この文字指導にはたくさんの工夫があります。まず、子どもたちの名前を中心に文字を音と結びつけて教えているということです。子どもたちは、自分の名前がどう書かれるのか興味があるので文字に集中します。また子どもたちの「いちばん好きな食べ物」を聞くことで、興味を持続させています。

実践編――第2章　フォニックスを使った読み書きの指導

　先生はこの後、子どもの名前と一緒に"Emily likes french fries."と、画用紙に1文字ずつ、書き順も確認しながらていねいに書いていきます。前に立って自分の好きな食べ物を紹介した子どもは、これにその食べ物の絵を描き、色を塗って1つの作品を完成させます。先生はこの作品を壁に貼って、子どもたちがいつも見られるようにします。以下の写真は、壁に貼られた子どもたちの作品です。作品を見ると、pinkやblueなどの「色」も出てくるので、授業によって、「色」を表す語の書き方も教えていることがわかります。

子どもたちの作品（英語は先生の直筆）

実践例❷

　　ポエムを使った音素認識と文字指導の実践例

　この日、Mrs. Sniegowskiのクラスではポエムを使った授業が行われていました。数字のゼロ（Zero）はみんなのヒーロー（Hero）ということで、"Zero the Hero"というタイトルがついているポエムです。このポエムは本章のアクティビティ12に記したように韻がたくさん使われていることに加え、the, to, no, a, all, inなどのサイトワードも多く含まれています。ポエムは、「Zeroはバカではなく、みんなが決まった場所にいられるように、ちゃんとスペースを確保しておいてくれるヒーロー」という内容です。ポエムの内容が面白い上、先生の読み方がとても感情豊かなので、子どもたちがみんな聞き入っている様子が、写真を見るとわかりま

103

す。

　先生はこれを読んで聞かせるだけではなく、子どもたちにしばしば問いかけながら一緒に読んでいきます。どの子どもに答えてもらうかは、前に来て指し棒を持っている子どもに選んでもらいます。読むときは写真でもわかるように、文字をさしながら、音を一つひとつ発音していきます。

　"Zero the Hero" という表現は3回出てきます。1回目と2回目は先生が音素に注意しながら子どもたちと一緒に読みますが、3回目は子どもたちに何て書いてあるかと聞いて、文字の読みを確認します。韻を踏んでいるところで、school / fool はどんな音か確認し（"What sound do you hear? What is the last sound in school and fool?"）、ほかにどの語とどの語が韻を踏んでいるか（同じ音か）子どもたちに聞きます。これを最後にみんなで一緒に読んで終わりです。このようなポエムは教室の中にたくさん飾られていて、授業で時々ふり返るようです（コラム「文字が豊富な教室環境」(p.63)を参照）。

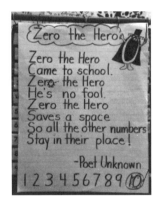 

Mrs. Sniegowski の Pre-K（幼稚園前）でのポエムを使った文字の指導

第3章 歌やチャンツを使った読み書きの指導

　英語の歌を歌うことは気持ちを高揚させ、英語のリズム感を養い、発音の練習や語彙の習得につながります。本章では、そのような効果も含めて、歌を使って覚える文字と読みの指導法を紹介します。

　まず、「ABCの歌」で、アルファベットの名前の正確な読みを学習します。次に「ABCの歌」のメロディーで、文字の名前と音を一緒に教え、さらに語頭が同じ文字で始まる動物と、その特徴を表した形容詞を合わせて、文字の音素認識を高める指導方法を紹介します。

　英語圏では、子どもに英語の音や言葉を教えるのにナーサリーライム（nursery rhymes）が広く使われています。ナーサリーライムは子どもにも馴染みやすい童謡で、年代も古いものが多いので、定評のあるものは子どもの英語教育をサポートするメディア教材として、YouTubeビデオにもたくさん出てきます。ここでは、ナーサリーライムの中で、子どもの音素認識や文字指導に適したものを厳選し、YouTubeで参照でき、授業でも活用できるアクティビティを載せました。歌のメロディーや英語の発音が不確かでも、ビデオで確認できます。

　本章の♪のマークは歌、§はチャンツとして使えることを意味します。歌は耳で聞かせるだけでなく、模造紙などに英語を書いて、子どもたちが文字を確認できるようにしてください。また授業で扱った歌は教室の壁に貼っておき、子どもがいつでも歌詞を目で見て、自分たちで歌えるようにしておいてください。

1. ABC Song ♪

- ◆ 目的：アルファベットの【名前】読みを正確に覚える。
- ◆ 準備するもの：ABCカードか、「ABCの歌」の歌詞が書かれた模造紙。
- ◆ 手順：

① ABCが書かれたカードか模造紙を黒板に貼る。特に、Aa は /eɪ/, Hh は /eɪtʃ/, Jj は /dʒeɪ/, Kk は /keɪ/, Oo は /oʊ/ と発音することを教える。また、Cc (/siː/) が「シー」となってしまったり、Zz (/ziː/) が「ジー」となってしまったりしないように教え、Ff (/ɛf/) や Vv (/viː/) に関しても「エフ」や「ブイ」とならないように読み方に注意する。
② 子どもたちと一緒に歌う。
③ 以下の表7の語を読み、Aa (/eɪ/) が「エー」とならないように、また Oo (/oʊ/) が「オー」とならないように教える。

※「ABCの歌」は英語の長母音（特に Aa と Oo）を教えるのに効果的です。日本語では「ゲーム」「メール」など長音（＝母音を通常の倍に伸ばしたもの）となりますが、英語ではそれぞれ /geɪm/, /meɪl/ と発音します。/eɪ/ であって、「エー」ではありません。また、日本語では「ボート」「コート」と言いますが、英語では /boʊt/, /koʊt/ と発音します。/oʊ/ であって、「オー」ではありません。日本語での発音と対応させながら、正しい母音の発音（長母音）を教えてください。

※ビデオやCDなど、音源を使って指導してください。ビデオを見せながら指導する場合は、発音している英語と文字が一つひとつはっきりわかるもの、また大文字だけでなく小文字も一緒に歌の中に出てくるか、大文字と小文字が一緒に提示されているものを選んでください。

♪ ABCの歌の歌詞
A B C D E F G H I J K L M N O P Q R S T U V W X Y Z. Now I know my ABCs. Next time won't you sing with me?

表7　ABCの歌を歌う時に教えたい単語

注意する母音 Aa /eɪ/　　※ ( ) 内は日本語の発音
bake (ベーク) , brake (ブレーキ) , cake (ケーキ) , date (デート) , game (ゲーム) , gate (ゲート) , name (ネーム) , sale (セール) , skate (スケート)
注意する母音 Oo /oʊ/　　※ ( ) 内は日本語の発音
alone (アローン) , bone (ボーン) , cone (コーン) , dome (ドーム) , home (ホーム) , joke (ジョーク) , smoke (スモーク) , tone (トーン) , zone (ゾーン)

※以下のYouTubeビデオは子どもたちに人気です。
① Alphabet Song, ABC, ABC song, ABCs. For homeschool families. Mom, dad, children, the whole house! by TinyGrads
https://www.youtube.com/watch?v=JCDxiJm-FX4

② Alphabet Song, ABC Song, ABCs, Traditional Alphabet Song. Homeschool families by TinyGrads (Aa, Bbのように大文字と小文字が一緒に提示されています)
https://www.youtube.com/watch?v=nS5Sa7GvoOY

2. The Letter Aa Sounds Like /æ/ ♪ §

- ◆ 目的：アルファベットの【名前】読みと【音】読みの音素認識を高める。
- ◆ 準備するもの：アルファベットの文字カード。
- ◆ 手順：
① まず先生が、文字カードを見せながら発音に注意してThe letter Aaの部分（The letter Aa・sounds like /æ/・/æ/ /æ/・/æ/ /æ/ /æ/.）を読んで、見本を示す（"The letter"の後の"Aa"は【名前】読み（/eɪ/）、続く"/æ/"は【音】読み）。
② 先生の見本に従って、子どもたちが発音する。The letter Zzまで続ける。
③ 次に先生が文字カードを見せながら、"The letter Aa sounds like /æ/"の部分だけを読み、子どもたちがそれに続ける。
④ 先生がABCの歌に合わせて"The letter Aa sounds like"まで歌い、続きを子どもたちが歌う。このままZまで通して歌う。
⑤ ABCの歌に合わせて、全員で歌う。

※ "The letter Aa"までが、ABCの歌の「ABCD」にあたり、"sounds like /æ/"の部分が「EFG」、1つ目の"/æ/ /æ/ /æ/"は「HIJK」、最後の"/æ/ /æ/ /æ/"は「LMNOP」にあたるので、このテンポで歌ってください。A〜Cまでが1曲分なので、一気にCまで歌います（次ページの例①を参照）。

それよりも速いテンポで、"The letter Aa sounds like /æ/"までを「ABCD」までの部分で一気に歌うこともできます。1つ目の"/æ/ /æ/ /æ/"は最後の"/æ/ /æ/ /æ/"を合わせて「EFG」までとなります。その場合は、A〜Fまでが1曲分になります（次ページの例②を参照）。

例①

例②

The letter Aa sounds like /æ/. の歌詞

The letter Aa(/eɪ/) -- sounds like /æ/ -- /æ/ /æ/ /æ/ -- /æ/ /æ/ /æ/.
The letter Bb(/biː/) -- sounds like /b/ -- /b/ /b/ / b/ -- /b/ /b/ /b/.
The letter Cc(/siː/) -- sounds like /k/ -- /k/ /k/ /k/ -- /k/ /k/ /k/.
The letter Dd(/diː/) -- sounds like /d/ -- /d/ /d/ /d/ -- /d/ /d/ /d/.
The letter Ee(/iː/) -- sounds like /ɛ/ -- /ɛ/ /ɛ/ /ɛ/ -- /ɛ/ /ɛ/ /ɛ/.
The letter Ff(/ɛf/) -- sounds like /f/ -- /f/ /f/ /f/ -- /f/ /f/ /f/.
The letter Gg(/dʒiː/) -- sounds like /g/ -- /g/ /g/ /g/ -- /g/ /g/ /g/.
The letter Hh(/eɪtʃ/) -- sounds like /h/ -- /h/ /h/ /h/ -- /h/ /h/ /h/.
The letter Ii(/aɪ/) -- sounds like /ɪ/ -- /ɪ/ /ɪ/ /ɪ/ -- /ɪ/ /ɪ/ /ɪ/.
The letter Jj(/dʒeɪ/) -- sounds like /dʒ/ -- /dʒ/ /dʒ/ /dʒ/ -- /dʒ/ /dʒ/ /dʒ/.
The letter Kk(/keɪ/) -- sounds like /k/ -- /k/ /k/ /k/ -- /k/ /k/ /k/.
The letter Ll(/ɛl/) -- sounds like /l/ -- /l/ /l/ /l/ -- /l/ /l/ /l/.
The letter Mm(/ɛm/) -- sounds like /m/ -- /m/ /m/ /m/ -- /m/ /m/ /m/.
The letter Nn(/ɛn/) -- sounds like /n/ -- /n/ /n/ /n/ -- /n/ /n/ /n/.
The letter Oo(/oʊ/) -- sounds like /ɑ/ -- /ɑ/ /ɑ/ /ɑ/ -- /ɑ/ /ɑ/ /ɑ/.
The letter Pp(/piː/) -- sounds like /p/ -- /p/ /p/ /p/ -- /p/ /p/ /p/.
The letter Qq(/kjuː/) -- sounds like /k/ -- /k/ /k/ /k/ -- /k/ /k/ /k/.
The letter Rr(/ɑr/) -- sounds like /r/ -- /r/ /r/ /r/ -- /r/ /r/ /r/.
The letter Ss(/ɛs/) -- sounds like /s/ -- /s/ /s/ /s/ -- /s/ /s/ /s/.
The letter Tt(/tiː/) -- sounds like /t/ -- /t/ /t/ /t/ -- /t/ /t/ /t/.
The letter Uu(/juː/) -- sounds like /ʌ/ -- /ʌ/ /ʌ/ /ʌ/ -- /ʌ/ /ʌ/ /ʌ/.
The letter Vv(/viː/) -- sounds like /v/ -- /v/ /v/ /v/ -- /v/ /v/ /v/.
The letter Ww(/dʌblju:/) -- sounds like /w/ -- /w/ /w/ /w/ -- /w/ /w/ /w/.
The letter Xx(/ɛks/) -- sounds like /ks/ -- /ks/ /ks/ /ks/ -- /ks/ /ks/ /ks/.
The letter Yy(/waɪ/) -- sounds like /j/ -- /j/ /j/ /j/ -- /j/ /j/ /j/.
The letter Zz(/ziː/) -- sounds like /z/ -- /z/ /z/ /z/ -- /z/ /z/ /z/.

実践編——第3章　歌やチャンツを使った読み書きの指導

3. Angry Alligator ♪§

◆ 目的：音素認識を高める。

※ Aa (/eɪ/) /æ/ alligator, angry alligatorとあるように、文字の【名前】読み (/eɪ/)、【音】(/æ/)、その【音】を表す基本語 (alligator) と、同じ【音】を語頭に含む形容詞 (angry) を一緒に教えます。

◆ 準備するもの：以下の歌詞が書かれた模造紙。

◆ 手順：

① 先生が歌の意味を確認しながら、一つひとつ音素に注意して読んでいく。
② 子どもたちが後について読む。
③ ①②の順序でAからZまで終わったら「ABCの歌」のメロディーに合わせてクラス全員で歌う。※AからFまでが1曲分となる。

※指導の際のポイントとして、以下に注意してください。

・子どもたちと、形容詞で表される感情や表現を、声の調子やジェスチャーで表しながら行ってください。

・実践編第1章にも、アルファベットの文字と単語を組み合わせたもの (Angry alligatorカード) が出てきます。第1章には、例えば、FfはFat fishとあります。以下の"Angry alligator alphabet song"を使って音素の勉強をする時は、「fにはほかにどんな単語があったかな」などと子どもに問いかけ、音素と単語を結びつけながらfの音とその単語の読みを練習してください。

　　T : What other word begins with /f/?
　　Ss : fish
　　T : Good. Ff (/ɛf/) /f/ fish, friendly fish. でもいいですね。Friendly fishって、どんなサカナだろうね。

Angry alligator alphabet song (怒ったワニのアルファベットの歌) の歌詞

Aa (/eɪ/) /æ/ alligator, angry alligator (怒ったワニ)
Bb (/biː/) /b/ bear, big bear (大きいクマ)
Cc (/siː/) /k/ cat, crazy cat (狂ったネコ)
Dd (/diː/) /d/ dog, daring dog (大胆なイヌ)
Ee (/iː/) /ɛ/ elephant, elegant elephant (優雅なゾウ)
Ff (/ɛf/) /f/ fox, friendly fox (友好的なキツネ)
Gg (/dʒiː/) /g/ goat, gorgeous goat (豪華なヤギ)
Hh (/eɪtʃ/) /h/ hat, huge hat (巨大な帽子)
Ii (/aɪ/) /ɪ/ insect, itchy insect (かゆい昆虫)
Jj (/dʒeɪ/) /dʒ/ jump, joyful jump (楽しいジャンプ)
Kk (/keɪ/) /k/ kangaroo, kind kangaroo (優しいカンガルー)
Ll (/ɛl/) /l/ lion, large lion (大きなライオン)
Mm (/ɛm/) /m/ monkey, merry monkey (愉快なサル)
Nn (/ɛn/) /n/ nest, neat nest (小ぎれいな巣)
Oo (/oʊ/) /ɑ/ octopus, odd octopus (変なタコ)
Pp (/piː/) /p/ piano, pink piano (ピンク色のピアノ)
Qq (/kjuː/) /k/ queen, queer queen (風変わりな女王)
Rr (/ɑr/) /r/ rainbow, round rainbow (丸い虹)
Ss (/ɛs/) /s/ sun, strong sun (強い太陽)
Tt (/tiː/) /t/ turtle, timid turtle (弱虫カメ)
Uu (/juː/) /ʌ/ umbrella, upbeat umbrella (陽気な傘)
Vv (/viː/) /v/ volcano, violent volcano (激しい火山)
Ww (/dʌblju:/) /w/ world, wonderful world (素晴らしい世界)
Xx (/ɛks/) /ks/ x-ray, thanks x-ray (ありがとうレントゲン検査)
Yy (/waɪ/) /j/ yo-yo, yellow yo-yo (黄色のヨーヨー)
Zz (/ziː/) /z/ zebra, zigzag zebra (ジグザグシマウマ)

4. Old MacDonald Had a Farm ♪

◆ 目的：音素認識を高める (語頭に注目)。
◆ 準備するもの：なし。
◆ 手順：
① 先生が3つの同じ音素で始まる語を、"Old MacDonald Had a Farm" のメロディーに合わせて歌う。"What's the sound that" と "/t/ is the sound that" が "Old MacDonald" の部分にあたり、"starts these words" が "had a Farm" の部分にあたる。

② 歌ったら、次のように尋ねる。
　T : What's the sound that starts these words? Turtle, time, and teeth.（turtle, time, teethの最初の音は何？）
　Ss : /t/
③ 3つの語の意味を確認し、子どもたちと一緒に以下を歌う。
　T & Ss : /t/ is the sound that starts these words: Turtle, time, and teeth.
　　　　　　With a /t/, /t/ here, and a /t/, /t/ there,
　　　　　　Here a /t/, there a /t/, everywhere a /t/, /t/.
　　　　　　/t/ is the sound that starts these words: Turtle, time, and teeth!
　　　　　　(/t/ がturtle, time, teethの最初の音
　　　　　　ここに /t/ /t/, あそこに /t/ /t/,
　　　　　　ここに /t/, あそこに /t/, あちこちに /t/ /t/
　　　　　　/t/ がturtle, time, teethの最初の音!)
④ ほかに同じ音素で始まる語を3つあげ、同じように一緒に歌う（実践編第2章の表6（p.99）の単語を参照）。

◆ 参考 : Yopp（1992）より抜粋。
※ "Old MacDonald Had a Farm"（「ゆかいな牧場」）の歌のメロディーは、以下のURLで確認できます。
Old MacDonald-Nursery Rhyme with Karaoke
https://www.youtube.com/watch?v=wsTvKD4COLg

5. If You Think You Know This Word, Shout It Out! ♪

◆ 目的 : 音素の組み合わせの練習をとおして音素認識を高める。
◆ 準備するもの : 英語カード。
◆ 手順 :
① 全員で "If You're Happy and You Know It, Clap Your Hands" のメロディーに合わせて以下を合唱したあと、先生が、例えば "/k/-/æ/-/t/" のように、音素を切り離して発音する。
　T & Ss : If you think you know this word, shout it out!
　　　　　　If you think you know this word, shout it out!

If you think you know this word, then tell me what you've heard,
　　　If you think you know this word, shout it out!
　　　　（この単語を知っていたら、大きな声で言って！この単語を知っていたら、何て聞こえてきたか言って！）
　T： /k/-/æ/-/t/
　Ss： Cat.
② 子どもたちがcat（/kæt/）と答えられたら、"/k/-/æ/-/t/, cat"とモデルを示し、子どもたちにリピートさせる。
③ 3文字の語の、語頭の音素を入れ替えることから始め、次に一部を別の音素と入れ替える（at, cat, mat, pat, pan, pen, ten, Ted, bed, bad, dadなど）。
◆ 参考：Yopp（1992）より抜粋。
※これは、"If You're Happy and You Know It"（「しあわせなら手を叩こう」）という歌の、この歌詞の部分を音素の練習に替えたものです。元の歌のメロディーは、以下のURLで聞くことができます。
If You Are Happy | Family Sing Along – Muffin Songs
https://www.youtube.com/watch?v=nUeS6gabSkE

6. Twinkle Twinkle Little Star ♪§

◆ 目的：単語を音節に分ける練習をする。
◆ 準備するもの：以下の歌詞を書いた模造紙。
◆ 注意：歌詞の右横にある数字は、1語に対して手を叩く回数（＝音節の数）を表す。例えば、twinkleはtwin|kleと区切れる2音節（twinで1音節、kleで1音節。twinとkleを合わせて2音節）の語なので2と書いてある。twinkleの /t/ の音は、/t/ であって「つ」ではなく、twinは「ツ・イ・ン」（3音節）とならないように指導する。カタカナ英語の発音にならないようにリズムをつけること。
◆ 手順：
① ABCの歌に合わせて、まず先生が、歌詞の右側に表示した手を叩く回数を見ながら、音節ごとに手を叩く。twinkleは2と書いてあるので、2回手を叩く。
② 最初のTwinkleで一度止まって、何回手を叩いたかを子どもたちに聞き、手を叩いた数が音節の数であることを教える。
③ 次に2音節の場合、どこで区切れたか聞く（twinkle の場合、twinとkleで区切れ

たことがわかれば良い)。
④ あごの下に手の甲を当てて、starと発音させる。何回口が開いたか聞く。音節は母音のグループで分けるので、発音すると母音が強調される。1音節の場合、1回だけ口が開くことになる。

Twinkle, twinkle, little star	2－2－2－1
How I wonder what you are	1－1－2－1－1－1
Up above the world so high	1－2－1－1－1－1
Like a diamond in the sky	1－1－2－1－1－1
Twinkle, twinkle, little star	2－2－2－1
How I wonder what you are	1－1－2－1－1－1

※この歌は、以下のURLで確認することができます。
① Twinkle Twinkle Little Star by Super Simple Songs – Kids Songs
   https:/ /www.youtube.com/watch?v=yCjJyiqpAuU
② Twinkle Twinkle Little Star | Nursery Rhymes | "The Prince And The Star" from LittleBabyBum!
   https:/ /www.youtube.com/watch?v=xs7rW19sblc

　以下は英米の子どもにも人気があるナーサリーライムです。ここにあげたのは、わかりやすい英語で歌いやすく、韻を踏んでいて覚えやすい歌です。また、特に日本語にないrやl, fの音などが多く含まれているものを厳選しています。古くから歌い継がれている伝承童謡で、廃れてしまうことがありませんので、子どもたちに是非教えてあげてください。なお歌の名前の横の（ ）は、歌が作成された国と発行された年です。

7. Row, Row, Row Your Boat ♪§ (USA, 1852)

◆ 目的：rとlの音の習得。
◆ 準備するもの：以下の歌詞が書かれた模造紙。
◆ 指導のポイント：この歌はrやlの音がたくさん出てきますので、正確に発音するよう指導してください。また、row (/roʊ/), boat (/boʊt/) の読みにも注意してください。rowとboat , streamとdreamが韻を踏んでいますので、子どもたちと確認してください。

> Row, row, row your boat, (ボートを漕いで、漕いで、漕いで)
> Gently down the stream. (やさしく流れを下っていこう)
> Merrily, merrily, merrily, merrily, (楽しく、楽しく、楽しく、楽しく)
> Life is but a dream. (人生は夢にすぎないのだから)

※この歌は、以下のURLで確認することができます。
Row Row Row Your Boat | Super Simple Songs by Super Simple Songs – Kids Songs
https://www.youtube.com/watch?v=7otAJa3jui8

8. Rain-Rain Go Away ♪ § (UK, 17th century)

◆ 目的：rとlの音の習得と、rやlで始まる動物の単語の習得。-ay, -aiは、(/eɪ/) と読むことを教える。
◆ 準備するもの：以下の歌詞を書いた模造紙。動物 (rhino (= rhinoceros) (サイ), rabbit (ウサギ), raccoon (アライグマ), rattlesnake (ガラガラヘビ), reindeer (トナカイ), leopard (ヒョウ), lion (ライオン), ladybug (てんとう虫), lizard (トカゲ) など) の英語カード (絵はなし)。
◆ 指導のポイント：歌詞の中に下線を引いたaway, day, play, awayが韻を踏んでいます。rain, away, again, day, playなど、-ay, -aiとある時は、(/eɪ/) を読むことを教えてください。
◆ 手順：
① 歌詞を読みながら用語の意味の説明と、-ay, -aiの読み (/eɪ/) の指導をする。
② どの語が韻を踏んでいるか、子どもたちと確認する。
③ 全員で一緒にひととおり歌う。
④ 動物の英語カードを黒板に貼る。子どもと一緒に歌詞の2行目までを歌い、3行目は先生が名前のRogerの部分をlやrのつく動物などに入れ替えて歌う。先生が言った英語はどれか、カードを子どもたちに選ばせ、模造紙の歌詞の"Roger"の部分に貼るように指示する。3行目と4行目をみんなで歌う。

> Rain rain go away, (雨、雨、あっち行って)
> Come again another day, (また別の日に来てちょうだい)
> Little Roger wants to play. (ちっちゃなロジャーが遊びたがっているから)
> Rain rain go away (雨、雨、あっち行って)

※この歌は、以下のURLで確認することができます。このビデオの中ではfather, mother, brother, sister, baby, all the familyの順に、歌が構成されています。
Rain Rain Go Away | Super Simple Songs | Sesame Street Nursery Rhyme Week by Super Simple Songs −Kids Songs
https://www.youtube.com/watch?v=LFrKYjrIDs8

9. Did You Ever See a Lassie? ♪（Scotland, 1885-1900）

◆ 目的：l, s, と th (/ð/) の音の習得。
◆ 準備するもの：以下の歌詞が書かれた模造紙。
◆ 指導のポイント：この歌には /l/, /s/, /ð/ の音がたくさん出てきます。/s/ が「ス」となったり、/ð/ が「ズ」となったりしないように、注意して正確に発音するよう指導してください。/ð/ はthの音で、有声音です。歯の間に舌をはさんで声に出して発音します。

Did you ever see a lassie,（女の子を見ましたか）
A lassie, a lassie（女の子、女の子）
Did you ever see a lassie（女の子を見ましたか）
Go this way and that?（こっち、そしてあっちに行くのを）
Go this way and that way,（こっちに行き、あっちに行く）
Go this way and that way（こっちに行き、あっちに行く）
Did you ever see a lassie（女の子を見ましたか）
Go this way and that?（あっちこっちに行くのを）

Did you ever see a laddie,（男の子を見ましたか）
A laddie, a laddie（男の子、男の子）
Did you ever see a laddie（男の子を見ましたか）
Go this way and that?（こっち、そしてあっちに行くのを）
Go this way and that way,（こっちに行き、あっちに行く）
Go this way and that way（こっちに行き、あっちに行く）
Did you ever see a laddie（男の子を見ましたか）
Go this way and that?（あっちこっちに行くのを）

※この歌は、以下のURLで確認することができます。
Did You Ever See a Lassie? | Family Sing Along - Muffin Songs
https://www.youtube.com/watch?v=lh91lRqFWs0
このビデオでは、体を使いながら歌う方法が紹介されています。

10. Mary Had a Little Lamb ♪ (USA, 1830)

◆ 目的:lの音の習得。u-eやoo、二重母音ear, ouの綴りを含む語の読みの習得。
◆ 準備するもの:以下の歌詞が書かれた模造紙。
◆ 手順:
① littleやlambなどlで始まる音と韻に注意しながら、歌の意味を確認する。
② 第2フレーズのruleのu-eやschoolのooは /uː/ と読む (Long oo) ことを教える。u-eで構成されている語はほかに、cube (/kjuːb/ 立方体のもの) や tube (/tuːb/ チューブ) などがある。また、ooで構成されている語はほかに moon, spoon, tooth, food などがあるので、それらの単語が読めるか子どもたちに聞いてみる。
※ oo にはbook, good, foot のように /ʊ/ と読む (Short oo) ものもあるので、余裕があれば取り上げてください。
③ 第3フレーズのoutやaboutのouは /aʊ/ と読む。また、nearやappearのearは /ɪər/ と読むことを教える。ouはほかに、out, loud, shout, scout (スカウト) など、earはほかに、hearやyear, dear (親愛なる), tear (涙) などがあるので、それらの単語が読めるか子どもたちに聞いてみる。
※ earは、/ɛər/ と読むものもある (例えば、bear (クマ), pear (ナシ)) ので、余裕があれば取り上げてください。

Mary had a little lamb, (メリーちゃんは子羊を飼っていた)
His fleece was white as snow, (子羊の毛は雪のように白かった)
And everywhere that Mary went (それでメリーちゃんが行くところはどこにでも)
The lamb was sure to go. (子羊はついて行った)

He followed her to school one day, (ある日子羊はメリーちゃんの学校について行った)
Which was against the rule, (学校の決まりに反していたのだけれど)
It made the children laugh and play (子どもたちはみんな大はしゃぎ)
To see a lamb at school. (学校で羊を見ているから)

And so the teacher turned it out, (それで先生が子羊を追い立てた)
But still it lingered near, (でも子羊は近くを離れない)
And waited patiently about, (それでじっと待っていた)
Till Mary did appear. (メリーちゃんが姿を現すまで)

"Why does the lamb love Mary so?" (子羊はどうしてそんなにメリーちゃんが好きなの)
The eager children cried. (子どもたちは知りたくて声をあげた)
"Why, Mary loves the lamb, you know," (だってメリーちゃんが子羊のこと大好きだから)
The teacher did reply. (先生が答えました)

※この歌は、以下のURLで確認することができます。
Mary Had a Little Lamb | Mother Goose Club Songs for Children by Mother Goose Club
https://www.youtube.com/watch?v=N7Z2Un0oxow

11. The Farmer in The Dell ♪

◆ 目的：簡単な既習の単語を読む。
◆ 準備するもの：この歌の第1フレーズと、"The farmer takes the wife."と書かれた模造紙、それと既習の単語カード（絵なし）。
◆ 指導のポイント：この歌は「1人が何かを連れてくると、今度はそれがまた別のものを連れてくる（A takes B. B takes C. C takes D.）」という話の流れになっていますが、これに従わず、毎回異なる単語を組み合わせても構いません。また、組み合わせ次第で面白い内容の歌ができますので、工夫してください。
◆ 手順：
① 黒板に、第1フレーズと、"The farmer takes the wife."と歌詞が書かれた模造紙、そして既習の単語を6～7つ貼る。
② 子どもたちを、4～5人1組のグループに分ける。
③ まず先生が第1フレーズを歌い、その後子どもたちも一緒に先生に合わせて歌う。
④ 第2フレーズを子どもたちと一緒に歌う。
⑤ 次に先生は、farmerとwifeの部分を既習の単語に変えて第2フレーズ全体を歌う。
⑥ 先生が歌っている間にグループから代表1人が、先生が言った単語を黒板に貼ってある単語の中から選んで、"The farmer takes the wife."の＿＿＿の部分に貼りつける。フレーズ全体をもう一度全員で歌う。
⑦ 先生は次の単語に変えて、第2フレーズ全体を歌う。次のグループの代表が同じように、先生が言った単語を黒板に貼ってある単語から選び、"The farmer takes the wife."の＿＿＿の部分に貼る。フレーズ全体をもう一度全員で歌う。
⑧ 既習の単語が全部終わったら、単語の読みの復習をクラスで一斉に行う。
※扱う単語は、人や動物など、「連れてくる（take）」ことが可能なものにしてください。例えば、singer, dancer, doctor, fire fighter などの職業、rabbit, rat, lion などの動物、ant（アリ）, spider（クモ）などの生き物、father, mother, sister など。

The farmer in the dell
The farmer in the dell
Hi-ho, the derry-o
The farmer in the dell

The farmer takes the wife
The farmer takes the wife
Hi-ho, the derry-o
The farmer takes the wife

The wife takes the child (2x)
Hi-ho, the derry-o
The wife takes the child

The child takes the nurse (2x) ...
The nurse takes the dog (2x) ...
The dog takes the cat (2x) ...
The cat takes the rat (2x) ...
The rat takes the cheese (2x) ...

The cheese stands alone
The cheese stands alone
Hi-ho, the derry-o
The cheese stands alone

※この歌は、以下のURLで確認することができます。

The Farmer in the Dell – Nursery Rhyme with Karaoke

https://www.youtube.com/watch?v=2XOQL6GFBz0

体で学ぶ読み書きの指導

ここでは、体を動かしながら学ぶ文字の音素の指導法、および文字の読み書きの指導法を紹介します。

1. 空書き伝言ゲーム（air writing game）

◆ 目的：音素の認識を高める。音素と文字が対応できるようにする。文字の読み書きの習得。

◆ 準備するもの：なし。

◆ 注意：従来の伝言ゲームを、音声で伝言するのではなく、空書きをして伝言していきます。まず、先生が黒板に文字の名前読みと音読み、そしてその書き順を教えます。子どもたちと一緒に空中で文字を書く練習を十分行ってから、空書き伝言ゲームを行ってください。なお、文字の書き順に関しては、巻末の「アルファベットの書き順」（p.176）を参照してください。

◆ 指導のポイント：書き順を英語で教える場合、基本的に、"Start from the top. Make a circle. Go up and go down."（上から始める。円を描く。上がって下がる）の組み合わせを変えるだけで説明ができます。例えば "a" の場合は、"Make a circle on the left."（左に円を描く）, "b" は "Make a circle on the right."（右に円を描く）ということができます。右に線を引かせるような場合は、"(Draw a line) to the right." でよいでしょう。参考までに、iやjなどの点は、"dot" です。tの横の線は、"a line to the right"（右に線）でよいでしょう。

◆ 手順：
① まず、空書きをして、子どもたちに文字の名前と書き順を教える。
　T：Let's all write "a"(/eɪ/) in the air.（みんなでaと空中に書いてみよう）
② 先生は黒板に "a" の文字を書き、それをなぞるように空書きする。子どもは先生を

真似て"a"の文字を空書きする。

T：What does "Aa"(/eɪ/) say?（Aというのはどういう音ですか）

S：/æ/.

T：Very good. Now repeat. Aa (/eɪ/) says /æ/ /æ/ /æ/.

S：Aa says /æ/ /æ/ /æ/.

※このように1回の授業で6〜7個程度の文字を扱います。

③ T：Okay, let's play air writing game!

子どもたち全員を起立させ、いちばん後ろの子どもたちを呼び、自分の前の席の人に空書きする文字（名前読み）を口頭で伝える。この時、列ごとに異なる文字を教える。

④ 席に戻った子どもは、自分の前の席の人に空書きで文字を伝える。文字を伝えられた子どもは、その前の人に同じように空書きで文字を伝える。

⑤ 列のいちばん前の子どもが、黒板にその文字を書く。もっとも早く書いた列が5点、2番目に早く書いた列が3点、3番目に早く書いた列が1点とする。先生はここで、文字の書き方が正しいかよく見ておく。

⑥ 子どもたちに、板書した文字の名前読みと音読みを列ごとに確認させる。列ごとに名前読みと音読みがちゃんとできていたら、3点をつける。

⑦ ①〜⑥の手順でほかの文字の書き方も学ぶ。

2. 文字をタイプしよう!（Let's type letters!）

◆ 目的：文字の名前読みと音読みを覚え、音素認識を高める。キーボードの位置を覚える。

◆ 準備するもの：巻末の「キーボード」(p.178)を人数分コピーしたもの。実物のパソコンを使えれば、実際に打った文字がどのような単語になるか確認できるのでよいが、パソコンが利用できない場合は、巻末の「キーボード」を練習に使う。

◆ 手順：

① 巻末の「キーボード」をコピーして全員に配布。

② タイプを打つ時の指の位置を子どもたちに教える。

③ 先生がアルファベットの文字の名前を読み上げ、子どもたちはその文字を打つ。名前読みで練習が終わったら、今度は音読みで練習する。

T：Please type "A"(/eɪ/).（"A"(/eɪ/)をタイプしてください）

Ss：子どもたちはキーボードのAをタイプする。
T：Please type a letter that makes a sound /æ/. (/æ/の音を作る文字をタイプしてください)
Ss：子どもたちはキーボードのAをタイプする。
④ 子どもたちの指の位置が正しいか確認する。

3. アメリカ手話を覚えよう!（Let's learn ASL!）

◆ 目的：音素の認識を高める。音素と文字が対応できるようにする。
◆ 準備するもの：なし。
◆ 指導のポイント：まず、子どもたちにASL（American Sign Language）について、アメリカで聾唖者の間で実際に使われている手話であることを簡単に説明してください（理論編第5章を参照）。指導の際、ABCの頭文字がついた動物などを手話でどう表現するかクイズ形式で行うと、子どもたちに考える機会や表現する機会が与えられて、子どもたちの注意を引くことができます。また、教える順序はABC順にしてください。子どもが回答する際に、ABCの順序をヒントに考えることができます。なお、十分動きが取れるように、子どもたちを起立させて指導してください。
◆ 手順：
① ABC順に手話が何を表しているか聞いたり、手話ではどのように表すと思うか子どもたちに問いかけたりして、Zまで行う。

T：Let's start from Aa. Do you know what this sign is?（Aaから始めましょう。このサインは何だかわかりますか）

※先生は、巻末の「ASLの動作」（p.180）を参考にしながら、ワニのサインをします）。ヒントを出しながら、その手話が表しているものを子どもたちから引き出します。

T：This is an animal. It has a big mouth and sharp teeth. It starts from "a" (/eɪ/).（これは動物で、大きな口と鋭く尖った歯があります。"a"(/eɪ/)で始まります）It's an a (/æ/)...

S：Alligator!

T：Yes! Very good. It's an alligator. Let's sign alligator.（そうです。よくできました。ワニです。ワニのサインをしましょう）

Okay now, Bb. Bb is for bear. Do you know the sign for bear?（では次はBbですね。BbはbearのBbですね。bearのサインは知っていますか）

※ここで子どもたちに想像させる。その後、先生が"bear"は手話でどのように表すか示す。それを子どもたちと一緒に行う。
② アルファベットの名前読み、音読み、その語頭の音で始まる動物などと、それを表すASLの手話をセットで一緒に何度も練習する。
③ 先生が"Aa"(/eɪ/)と名前読みしたら、子どもたちが続いて"Aa (/eɪ/) /æ/ alligator"と答え、同時にASLのサインで表す。

4. ASLカードタッチングゲーム（ASL card touching game）

◆ 目的：アルファベットの名前読み、音読みの練習。
◆ 準備するもの：ASLカードをグループの数の分。巻末の「ASLカード（表面）」（p.179）をコピーして切り抜き、画用紙に貼って、カードの形にする。表面にAaの文字、発音記号とイラストを貼り、裏面に英語を書いて作成する。このカードは、クラスで子どもたちと一緒に、実践編第1章のアクティビティ7の手順に沿ってクラス内で作成する。
◆ 手順：
① 4人1組のグループを作成。ASLカードを1組ずつ配り、表面を上にしてバラバラに置かせる。
② 先生が音素（例えば /æ/）を発音する。子どもたちはその音素で始まる語の「絵」（例えば、"alligator"の絵）にタッチする。
③ いちばん早くカードにタッチできた人が1点を獲得できるルールで、グループ内で、もっとも多く得点を取った人が勝ち。
◆ 指導のポイント：
・普通のカルタ取りゲームのようにカードを取らせないで、タッチさせてください。/v/、/b/ の音素、/l/ や /r/ の音素や、/æ/、/ɛ/、/ɑ/、/ʌ/ は聞き分けが難しいので、何度か繰り返し練習してください。
・子どもたちが音素だけでは答えられない場合は、その音素が語頭にくるASLの語の動きも取り入れて、音と関連させて指導してください。同時に子どもたちにも動作をするように指導してください。
・ASLカードの表面に、発音記号も入っているのは、文字と音素を対応させて覚えられるようにするためです。子どもたちには「Aaの読み方は、発音記号で書くと /æ/ とな

るんだよ」と、触れる程度に教えてください。発音記号は、文字の見て覚えるのに役立ちます。/æ/ とあれば /ʌ/ や /ɑ/ とは違う音であると認識できます。

5. ASLカード並び替えゲーム（ASL card arranging game）

◆ 目的：ABCの順序を学ぶ。
◆ 準備するもの：作成したASLカード、巻末の「ブランクシート」（p.183）。
◆ 手順：
① ASLカードの文字とイラスト面を表にして、子どもたちにABC順にAからZまでASLカードをブランクシートに乗せていくよう指示する。
② AからZまでカードをブランクシートに並べ終わったら、今度はそれらを全部ばらさせ、以下の指示（文字の名前を聞いたらカードを探す）を与える。
　T：If I said "a"(/eɪ/), pick up "Aa"(/eɪ/), and put it on the right place.（もし私が、"a"(/eɪ/) と言ったら、"Aa" と書いてあるカードを探して、正しい場所に乗せてください）
③ ランダムに文字を選んで、ブランクシートがカードで埋まるようにする。
④ 次は音素だけを聞かせ、カードを正しい位置に並べるように指示する。
　T：This time, if I said "a"(/æ/), pick up "Aa"(/eɪ/), and put it on the right place.（今度は、もし私が、"a"(/æ/) と言ったら、"Aa" と書いてあるカードを探して、正しい場所に乗せてください）
◆ 指導のポイント：子どもたちはカードを正しい場所に置こうとして、「ABCD…」と唱えながら、カードをブランクシートに乗せていきます。まだアルファベットの順序があやふやな場合は、すでに置いてあるカードの隣の文字を言うと、アクティビティは簡単になります。一方、周りにまだ文字が置かれていないところから文字を選んで言うと、やや難易度が上がります。先生は、子どもたちの文字の習熟度に応じて難易度を調節してください。

6. 体で表そう！（Sign to me!）

◆ 目的：音素を体で覚える。アルファベットを書く。
◆ 準備するもの：巻末の「ASLカード（表面）」（p.179）をコピーしたものを、子どもの人数分。

◆ 指導のポイント: 相手に言われた文字を自分のノートに書き記しておくように指導してください。動作をしながら、確認した音素を表す文字を書くことで、より記憶に定着します。
◆ 手順:
① ペアで交互に「ASLカード」を見ながら以下を行う。
　S1 : Cc !
　S2 : /siː/ /k/ cat.　※同時にcatの動作をする。Ccとノートに書き記す。
② 先生は最後に、子どもたちがいくつ文字を表せたか確認する。

7. ASLでABCを表そう！（Let's sign ABCs using ASL!）

◆ 目的: ABCを手話（指文字）で表す。
◆ 準備するもの: 巻末の「ASLアルファベット指文字表」(p.182)を拡大したもの。
◆ 手順:
① 黒板に「ASLアルファベット指文字表」を貼る。
② Aaから順番に、手話によるアルファベットの文字を教えていく。5つほど教えたら、前に戻って、覚えているか確認しながら進む。
　T : This is the sign for "Aa"(/eɪ/) . (これがAaを表すサインです)
　　　Sign with me. (一緒にやってください)
③ AからZまで通して教える。
④ 先生が言った文字を、子どもたち全員がASLで示す。
⑤ クラス全体で十分練習した後、ペアになり、1人が"Aa"と言ったら、もう1人がAaを指文字で表す。役割を1つずつ交代しながら行う。

8. ASL神経衰弱（ASL memory game）

◆ 目的: アルファベットの文字とそれを表すASLの指文字を学ぶ。
◆ 準備するもの: 巻末の「ASLアルファベット指文字表」(p.182)をコピーし、指文字の絵とアルファベットの文字の部分を切り離し、それぞれをカードにしたものを、グループの数の分。
◆ 手順:

① 4〜5人1組のグループを作り、ASLで表した指文字カードと、アルファベットの文字が書かれたカードをグループに1つずつ配る。
② 指文字カードとアルファベットカードに分け、すべて裏にして机の上にバラバラに置く。
③ まず1人目がアルファベットカードをめくり、文字の名前を読んでそれを手話で示した後、指文字カードを選んでめくる。指文字とアルファベットの文字が同じだったらカードを獲得する。いちばん多くカードを取った人が勝ち。

9.2文字子音を覚えよう！（Let's learn two letters, one sound!）

◆ 目的: ここでは2つの文字が新しい1音を表す子音のグループのうち、子音にhがつくグループ（sh, ch, ph, wh, th）の読みの練習をする。
◆ 手順:
① まず先生が指文字を使いながら、動作を伴って、2つの文字が1つの音を作ることを説明する。"sh"はASLの指文字でそれぞれ"s"と"h"と表し、"come together"のところは両手の人差し指を合わせる。音の読みの部分と単語の部分は3回人差し指をポン、ポン、ポンと合わせる。

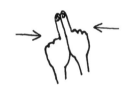

　T: The letter "s" and the letter "h" come together and make a sound /ʃ/ /ʃ/ /ʃ/. Shhh, sheep, shop.（sという文字とhという文字は、一緒になって /ʃ/ /ʃ/ /ʃ/ という音を作ります。Shhh（しー）, sheep（ヒツジ）, shop（店））
② 先生の①の動作に合わせて、子どもたちも動作を伴いながら、s、そしてhを手話で表し、"The letter 's' and the letter 'h' come together and make a sound /ʃ/ /ʃ/ /ʃ/. Shhh, sheep, shop."と一緒に真似て言う。
③ ch, ph, wh に関しても同様に行う。
　ch の場合: The letter "c" and the letter "h" come together and make a sound /tʃ/ /tʃ/ /tʃ/. Check, champion, touch.
　ph の場合: The letter "p" and the letter "h" come together and make a sound /f/ /f/ /f/. Phone, phonics, elephant.
　wh の場合: The letter "w" and the letter "h" come together and make a sound /(h)w/ /(h)w/ /(h)w/. What, where, when.

④ thの音は、/θ/（無声音）と/ð/（有声音）があるので、以下のように指導する。
　　T： The letter "t" and the letter "h" come together and make a sound /θ/ /θ/ /θ/.
　　　　Think, thank, math.
　　　　The letter "t" and the letter "h" come together, and they also make a sound /ð/ /ð/ /ð/. This, that, smooth.
⑤ sh, ch, ph, wh, thがつく単語を読ませてみる。
　　例： shoes, shower, shock, shark, push, dash, dish など
　　　　 child, chapter, chin (あご), chew, church, touch, match, catch など
　　　　 telephone, phoenix (不死鳥), xylophone (木琴) など
　　　　 thin, thumb (親指), theater (映画館), thunder (雷), south, north, mouth, bath など
　　　　 they, these, those, them, father, mother, brother, weather (天気), Netherland (オランダ) など

10. ASLで一週間の曜日を表そう！（Let's sign the days of the week!）

◆ 目的： ASLでは、曜日の語頭をアルファベットの指文字で表す。語頭をASLの指文字で表して、音素と文字の関係、そして曜日の言い方を覚える。
◆ 準備するもの： MondayからSundayまで1つずつ単語が書かれたカード。
◆ 手順：
① まず月曜日はMondayということを確認。Mondayの手話を教える。
　　その際、手話のMmを示し、その形に合わせて、"Mm(/ɛm/) /m/ Monday."と、Mmの名前読み、そして音読みをしながらMondayを手話で表す。
　　T： Make an "m" and turn it toward you, and circle it. (mの形を作って、ひっくり返し、円を描いてください)
② Tuesday以下も同じように行う。
③ MondayからSundayまで、子どもに質問しながら練習。
　　T： What's the sign for Monday?
　　Ss：（手話でMondayを示す）
　　T： Very good. Mm(/ɛm/) /m/ Monday. (いいですね。Mm (/ɛm/) /m/ Mondayですね)　※Mondayの手話を見せる。

T : Now show me the sign for Sunday.
Ss : (手話でSundayを示す)
T : Very good. Put your hands up, palms out and circle them. Ss (/ɛs/) /s/ Sunday. (いいですね。両手を開いて回す、ですね。Ss (/ɛs/) /s/ Sunday.)
④ ペアを作り、1人がMondayと言ったらもう1人がそれを手話で表す。
⑤ ④で十分な練習が終わったら、今度は先生がMondayからSundayまで書かれたカードを用意。先生が出した曜日のカードを子どもたち全員が手話で表す。

曜日	手話で表す方法
Monday	手話でmの形を作り、それを自分に向け、円を描くように回す。
Tuesday	手話でtの形を作り、それを自分に向け、円を描くように回す。
Wednesday	手話でwの形を作り、それを自分に向け、円を描くように回す。
Thursday	手話でtとhの形を作る。または手話でhの形を作り、それを自分に向け、円を描くように回す。
Friday	手話でfの形を作り、それを自分に向け、円を描くように回す。
Saturday	手話でsの形を作り、それを自分に向け、円を描くように回す。
Sunday	両手を開いて手のひらを相手に向け、外側に円を描くように回す。

The days of the week

Monday	Tuesday	Wednesday	Thursday	Friday	Saturday	Sunday

11. ASLで気持ちを表現しよう（Let's express feelings using ASL!）

◆ 目的：感情を表す形容詞をASLを使って表し、それらの語の語頭の音素、そして語の意味を学ぶ。
◆ 準備するもの：「感情を表す英語」(p.128の枠内の英語) を黒板に貼るために拡大コピーしたもの、「クラスで使う記入用ワークシート」(p.130) を子どもの人数分コピーしたもの。

◆ 手順：
① これから「気持ちを表す」手話を勉強することを伝える。まず、先生が angry の動きを見せて、子どもたちにどんな感情を表しているか、英語で答えてもらう（日本語しか出てこない場合は、この時に英語で何と言うか教える）。
② 子どもたちに同じ動作をさせて、英語で言わせる。
　T： So what do you think this sign means?（このサインはどんな意味だと思いますか）
　S： 怒っている？
　T： Yes, I am … angry.（私は怒っているという意味ね）Let's do it together. I am angry.
　　※手話で angry を表す。
　S： I am angry.　※言いながら、angry のサインをする。
　T： Okay, repeat after me. /æ/ /æ/ angry. I am angry.
③ 同じように次のサインを教え、音素に注意しながら繰り返し英語で言わせ、練習する。
④ ペアを作り、1人が感情のサインをし、もう1人が "/æ/ /æ/ angry." と答える。
⑤ ワークシートを全員に配布し、全員起立させる。それぞれ "How are you feeling?" と聞いて歩き、聞かれた方は "/æ/ /æ/ angry. I am angry." などと答える。相手が "angry" と答えたら、相手の名前とワークシートの記入欄に "angry" と記入する。
⑥ 何人の子どもたちが何人から回答を得たか確認する。いちばん多く聞き出せた人に拍手。
　T： How many people did you ask, "How are you feeling?"（何人の人に How are you feeling? と聞きましたか）

※ "How are you feeling?" は、「気分はどうですか」という意味で、その時の感情を聞く時に使います。"How are you?" はあいさつで「元気ですか」という意味です。多少体調がすぐれなくても、"I'm good." と答えるのが慣例となっています。

感情を表す英語

/æ/ /æ/ angry. I am angry.（私は怒っている）
/b/ /b/ bored. I am bored.（私は退屈している）
/k/ /k/ confident. I am confident.（私は自信がある）
/ɪ/ /ɪ/ excited. I am excited.（私はウキウキしている）
/g/ /g/ good. I am good.（私は気分がいい）
/h/ /h/ happy. I am happy.（私は幸せ）
/dʒ/ /dʒ/ jealous. I am jealous.（私はやきもちを焼いている）

/l/ /l/ lazy. I am lazy.（私は怠けている）
/p/ /p/ proud. I am proud.（私は誇りに思っている）
/s/ /s/ sad. I am sad.（私は悲しい）
/t/ /t/ tired. I am tired.（私は疲れている）
/w/ /w/ worried. I am worried.（私は心配している）

感情を表す手話

angry	bored	confident	excited
good	happy	jealous	lazy
proud	sad	tired	worried

クラスで使う記入用ワークシート

友達に "How are you feeling?" と聞いて、返ってきた答えを記入しよう。
単語の例: angry, bored, confident, excited, good, happy,
　　　　　jealous, lazy, proud, sad, tired, worried

Your friends' name	Their feelings

12. 集中ゲーム (concentration game)

◆ 目的：言われた単語いくつかを聞いてしっかり覚えると同時に、単語の語頭の音素に注意して聞いて、それをつなぎ合わせるとどんな単語になるか考える。音素と文字の関係、単語の習得。

◆ 準備するもの：既習の単語カードを20枚ほど黒板に貼る。

◆ 手順：

① 4〜5人で1組のグループを作る。
② 先生が、これまでに勉強した単語を最初は3つほど並べて発音する。例えば、"piano, elephant, nest."
③ グループで、聞いた単語の語頭の音素を順番につなぎ合わせると、どんな単語になるか答えさせる。

　T : Okay, listen to me carefully. Piano, elephant, nest. If you take the first sound of each word and put them together, what sound would it make? (それでは注意して聞いてください。Piano, elephant, nest.　語頭の最初の音をつなげると、どんな音になりますか)

Ss : /p/ /ɛ/ /n/.

④ 語頭の音が/p/ /ɛ/ /n/とわかったら、それを表す英語カードを黒板から持ってくる。

T : Very good. Piano, elephant, nest each begins with p(/piː/) , e(/iː/) , n(/ɛn/). If you put those sounds together, they will make a word "pen." (いいですね。Piano, elephant, nestはそれぞれp、e、nで始まりますね。それらの音をつなぎ合わせると、penになりますね)

◆ 指導のポイント：3文字からなる単語で何度か行ったら、4文字からなる単語や5文字からなる単語でも実践すると、子どもは挑戦意欲を出して頑張ります。いちばん多くの単語を黒板から持ち帰ったグループが勝ちです。

13. 粘土で文字を作ろう！（Let's make letters with clay!）

◆ 目的：粘土を使って、アルファベットの文字の名前と音を覚える。文字を組み合わせると色々な単語ができることを認識させる。

◆ 準備するもの：100円均一ショップなどで売っている粘土。粘土で作業するときに必要なプラスチックのシート。低中学年に指導する場合は、アルファベットシート（アルファベットの一つひとつが10cm四方くらいの大きさで書かれているもの）。

◆ 手順：

① 2人1組で1人がa、もう1人がtを作って、できたらプラスチックシートの上に乗せる（低中学年の場合は、アルファベットシートの上に粘土を乗せて文字を完成させるように指導する）。粘土で文字が作れたら、プラスチックシートを掲げて先生に見せるように指示。

② aとtを一緒に横に並べて、at（/æt/）と発音させる。

③ 次にcを作らせ、atの前にcを置いて一緒に発音させる。※cat /kæt/になる。

④ cをrに変えて一緒に発音。※rat /ræt/.

⑤ rをmに変えて一緒に発音。※mat /mæt/.

⑥ mをpに変えて一緒に発音。※pat /pæt/.

※ "et"（pet, set, net, get, jet, vet, wetなど）や"it"（sit, fit, hit, kitなど）、さらに、語尾はt

だけでなく、"ab" や "ad" などに変えることも可能（実践編第1章の表3「終わりの音が韻を踏んでいる語」(p.84) を参照）。

ASLを授業運営に活かそう!

① ASLで子どもたちに指示を出す
　授業で指示を出すときに、英語で以下の表現を言いながら、ASLのサインを使って表します。先生のASLの行動で子どもたちが英語の意味を理解し、英語も早く覚えることができます。

1. Look.（見てください）
　Vサインを目元に持っていき、相手に向けて目から離したり近づけたします。"Look at me." と言うときは、Vサインを自分に向け、目から話したり近づけたりします。

2. Listen.（聞いてください）
　音が聞こえるように耳の後ろで手を丸くし、耳を相手に向けます。

3. Speak.（話してください）
　右手を親指を閉じて唇の右側に持っていき、2～3回トントンと叩きます。

4. Write.（書いてください）
　左手の手のひらを指を閉じて上に向けます。右手は鉛筆を持って何かを書く仕草を手のひらでします。

5. Line up.（列になってください）
　両手の指を閉じ、広げて少し離して合わせます。そのまま全体を前に突き出す感じです。両手を離して表す方法もあります。

6. Quiet.（静かに）
　口元で「シー」と手を当て、口元から話したり近づけたりします。

7. Stand up.（立ってください）
　左手の手のひらを上に向け、右手で人差し指と中指でVの形を作り、それを手のひらに乗せます。

8. Sit down.（座ってください）
　両手で人差し指と中指を突き出し、それを交差させます。

② スペリングチェック

　子どもたちに文字を尋ねる時に、声に出して回答させると間違いを恐れて答えなかったり、いつも同じ子どもが答えたりするようなことになりかねません。そこで、文字を聞く際、ASLの指文字で全員手をあげて答えさせるようにします。そうすると、どれくらいの子どもがわかっているか、あるいはわかっていないかということもわかります。

　T : What's the first letter of "lion?"（"Lion"の最初の文字は何ですか）
　Ss : (手話でlのサインを示す)
　T : Very good. /Ll/ (/εl/) ./l/ /l/ lion.　※L (/εl/) のサインをASLの手話で表して、音を確認する。

Column アメリカの授業風景
授業運営 (classroom management): Ready? Ghost!

　Mrs. Collinsの幼稚園児のクラスでは、算数を教えていました。紙のお皿の真ん中に横線を引いて、その下半分は縦線で2分割されています。大きなテレビ画面を通して、Mrs. Collinsは "I'm going to do a magic. It's going to be really fast, so watch the TV carefully. Otherwise you might miss it."(これからマジックを使うからね。すごく速いからテレビをよく見ていてね。じゃないと見逃してしまいますよ)と言って、子どもを集中させます。子どもはグループになって座っていて、目の前にはブロックが箱の中にたくさん入っています。そこから1人4つずつブロックを取り出して、紙のお皿の上に乗せるように指示しますが、何しろ子どもなので、それで遊びたくてしょうがないのです。そこへMrs. Collinsが "Hands in your lap!"(手を膝の間において!)と指示し、勝手にブロックをいじらせないようにします。ブロックを触っている子どもがいると、"Where should your hands be?"(手はどこへおくんだったかな)と言って、手を膝の間に置くように指示します。

　Mrs. Collinsはまず4つのブロックを左に1つ、右に3つ置いて、それを算数式(the math sentence)で表すとどうなるか教えます。そして黒板に、「1 + 3 = 4」と書き確認します。次に、ブロックを動かして別の数式を考えさせるのですが、子どもたちは早くブロックをいじりたくて落ち着きがありません。みんなが自分勝手なことを始めるとクラスはコントロールが効かなくなりますから、先生は "When I say 'go,' you do it."(goと合図したらやるのよ)と言って子どもたちを集中させます。子どもたちがまだかまだかと目の前のブロックを睨みつけていると、先生は "Ready? Ghost!" などと言い出します。goではなくghost(お化け)なので、子どもたちはまだブロックを触ることができません。

　Mrs. Collinsは算数の教え方が素晴らしいこともさることながら、子どもたちの注意を引くのがとても上手いことにも感動させられます。子どもたちはマジックだと言われると、一体何が起こるのかと興味を持ちます。「手は膝の間よ」と言うので、みんな一斉に膝の間に手を入れて、指示はまだかと待ち望んでいます。ところが先生は、"Go!" ではなく "Ghost!" などと言うので、子どもは不意を突かれます。しかし、子どもたちはとても集中して聞くようになります。私の目の前に座っていた子どもはニコニコしながら "It's not a magic. She is funny."(魔法じゃないよ。先生面白いね)と言いながら、magicではないけれどmagicだと言って楽しませてくれる、ユニークなMrs. Collinsの授業をとても楽し

んでいる様子でした。(Hickory Elementary SchoolのMrs. Collinsのクラスより)

　子どもたちの注目を集めたり、静かにさせたりする表現には、次のようなものがあります。授業で活用してください。
・Hands to your head. Hands to your shoulder. (手を頭に持って行って。次は手を肩に置いて)
　※これは2つ続けて言い、動作をさせながら集中させます。
・Hands to your stomach where food goes. (手を食べ物が入るお腹に置いて) ※こう言って、お腹を撫でるような仕草をすると、子どももまねて同じようにします。
・Eyes on the speaker. (目は話している人を見て)
・Eyes on me. (目は私に向けなさい)

 # 絵本を使った読み書きの指導

　本章では、まず、絵本を使って文字の音の読みを練習し、その後、子どもたちがそのストーリーを読めるようにするための指導法を解説します。最初に、誘導リーディング（guided reading）の方法、そして共有リーディング（shared reading）の方法を実際に授業で使用できるストーリーを基に解説します。

　また、小学校の先生が子どもたちに読み聞かせをしたり、その後小学生が読んだりできるように、イソップ物語の中から子どもの読みの指導にふさわしいものを選び、簡単な英文に書き直して載せました。ここでは深い教訓を含んだものをいくつか紹介していますので、道徳の授業と横断的に使用することもできます。

1. 誘導リーディング（guided reading）の方法

『キツネとカエル』（*Fox and Frog*）

- ◆ 目的：アルファベットのFf /f/ の音素認識を高め、Ff /f/ で始まる語の読みを練習。
- ◆ 準備するもの：
① 指導用に作成した *Fox and Frog* の本（後ろの席の子どもでも字が読める大きさ）。以下②〜④はグループの数の分（1グループは4〜6人程度）を準備。
② 子どもたちの読みの練習用に作成した *Fox and Frog* の本（作成の仕方は次ページ）。
③ Ffで始まる語（Frank, fox, furry, Ferris, frog, funny, forest, fish, fly, full, fun）をカードの形にしたもの。
④ 本に出てくる単語とイラストすべてをカードにしたもの。これらはページごとにまとめて、ビニール袋（"book bag"）に入れておく。指導用にもやや大きめのイラストとカードを用意する。

＜*Fox and Frog* の本の作成の仕方＞

① *Fox and Frog* のタイトル、絵、本文、著者名、およびイラストレーターの名前をコピーする。

② ①を切り抜き、表紙に本のタイトルと著者名、およびイラストレーターの名前を貼る。本文と絵を合わせて、それぞれのページに貼りつける（この本は5つのセクションに分かれているので5ページとなる）。

③ ②をグループの数の分、厚手の画用紙にコピーを取る。

④ グループで絵に色をつける。

⑤ 左横をホチキスで留め、製本用テープを貼る。

◆ 注意：本の形にするときには、実際の本のように、著者名（"Written by Makiko Tanaka"）とイラストを描いた人の名前（"Illustrated by Sina Takada"）を本の表紙に入れてください。色ぬりも、"Let's color the fox brown."（キツネを茶色でぬろう）と指示を出したり、"What color is a frog?"（カエルは何色？）と質問したりして、英語活動の一環として行ってください。

◆ 指導のポイント：

① ここではFfの音素認識を高め、Ffで始まる語が読めるようになることを目的としているので、最初から本を読み聞かせないでください。

② アクティビティは何回かに分けて行うこともできます。その場合は、1回目は下記の手順の①〜⑥まで、2回目はFfで始まる単語の復習をした後⑦〜⑩まで、3回目はFfで始まる単語の復習をした後⑪を行ってください。

◆ 手順：

① 本の中に出てくるFfで始まる単語カードを、Ffの音に注意しながらクラスで一緒に読む。

　T： Let's read words that begin with Ff.（Ffで始まる語を読んでみましょう）
　　　The first letter is "f"(/εf/), and this is Frank. Can you say /f/ /f/ Frank?（最初の文字はfで、これはFrankですね。/f/ /f/ Frankって言えるかな？）
　　　Frank is a boy's name.（フランクというのは男の子の名前ですね）

② 2つ目以降の単語カードは1文字ずつ文字の音読みに集中しながら、子どもたちに

何と読むか尋ね、子どもたちと一緒に読みながら意味を確認していく。
　　T：How do you read this one?（これは何と読みますか）
　　　　It's /f/ /f/ /ʌ/ /n/ /n/ /i/… funny. Funny は面白いという意味だね。
③ 指導用に作成した本のカバーを見せて、カバーには、タイトル、著者名、イラストレーターの名前が書かれていることを教える。
　　T：The title of the book is Fox and Frog.（この本のタイトルはキツネとカエルですね）
　　　　This book is written by Makiko Tanaka.（著者は田中真紀子ですね）
　　　　This book is illustrated by Sina Takada.（イラストレーターは高田シーナですね）
④ 本が何について書かれたものだと思うか推測させる。「キツネ」とか「カエル」、fox とか frog などと答えたら、fox についてどんなことを知っているか尋ねる。
　　T：What do you think the book is going to be about?（この本はどんな内容の本だと思いますか）
⑤ 本の読みに入る。単語カードで教えた Ff がつく単語は子どもに読ませる。まず1ページ目の1, 2行目（This is Frank. Frank is a fox. He is very furry.）を一緒に読む。3, 4行目（This is Ferris. Ferris is a frog. He is very funny.）は1, 2行目と同じ構造になっているので、1行目の"This is"や"He is very"などを指で指し、同じ単語であることを示しながら子どもたちに読ませる。読めない時は絵を指して、読めるように導く。また、"This is Frank."と読んだらキツネを指して、「彼、Frankっていう名前なんだね」などと内容に触れ、子どもたちとのやりとりを通して進む。
⑥ 3ページ目も同じ文の構造になっているので、最初の行は一緒に読み、次の行は子どもたちに読ませる。Ff がつく単語は、例えば"/f/ /f/ fox"と f の音に注意させ、また"/ɛf/ /f/ fox"と名前読みと音読みをセットにして読み、「f (/ɛf/) は /f/ と読む」ということに注目させる。
⑦ 4〜6人1組のグループを作成。グループごとに、ページごとに絵と英語がセットになっている book bag を配る。
⑧ まず1ページ目の絵と英語が入っている book bag を取り出させ、その絵に合わせて英語をストーリーの内容に沿って並べるように指示する。
⑨ 正しく並べられたか確認。グループを選んで並べた順に英語を読んでもらう。先生は読まれた順に英語カードを黒板に並べていく。
⑩ 2〜5ページも⑧⑨と同じように行う。
⑪ グループで1人1行ずつ、順番に声に出して読んでいく。

Fox and Frog

This is Frank. Frank is a fox.
He is very furry.
This is Ferris. Ferris is a frog.
He is very funny.

Frank and Ferris
live in the forest.

Frank is hungry.
He wants to eat a fish.
Ferris is hungry, too.
He wants to eat a fly.

Frank and Ferris are full.

They want to have fun now.
Let's have fun together.

(Written by Makiko Tanaka.
Illustrated by Sina Takada.)

<訳>

こちらはフランク。フランクはキツネです。彼は毛皮でおおわれています。こちらはフェリス。フェリスはカエルです。彼はとっても面白いです。／フランクとフェリスは森の中に住んでいます。／フランクはお腹が空いています。彼は魚を食べたがっています。フェリスもお腹ペコペコ。彼はハエを食べたがっています。／フランクとフェリスはお腹いっぱいです。／これから楽しいことをしたいと思っています。一緒に楽しみましょう。

(作: 田中真紀子、イラスト: 高田シーナ)

2. 共有リーディング (shared reading) の方法

『パットの太ったネズミ』 (*Pat's Fat Rat*)

◆ 目的: アルファベットの Aa の音読み /æ/ の音素認識を高め、Aa /æ/ の音を含む語の読みを練習。

◆ 準備するもの:

① 指導用に作成した *Pat's Fat Rat* の本 (後ろの席の子どもでも字が読める大きさ)。絵本の作り方に関しては「キツネとカエル」の本の作成の仕方を参照。

② 子どもたちの読みの練習用に作成した *Pat's Fat Rat* の本。

③ /æ/ の発音を含む単語 (Pat, fat, rat, bag, mat, bat, cap, Sally, Daddy, cat, back, ran) をカードの形にしたもの。

以上②③はグループの数の分準備 (1グループは4〜6人程度)。

◆ 手順・指導のポイント:

① まず、/æ/を含む単語のカードを、一つひとつ音素に注意しながら子どもたちと一緒に読んでください (例えば、Pat なら /p/ /æ/ /t/)。Aa /æ/ の音は、"/æ/ /æ/ Pat, /æ/ /æ/ fat" のように音素に注意してください。

② このストーリーは、Pat が飼っている太ったネズミがおりから逃げ出して、どこに行ってしまったのか追っていくという話の流れになっています。その過程で、where (どこ), how (どうやって), when (いつ), what (何), which (どちら), whose (誰の) を使ったやさしい質問文が出てきます。これを利用して、先生と子どもたちが共有リーディング (shared reading) できるように作成されています。先生が "Where did it go?" と尋ねて、子どもたちに "Pat's fat rat is in a bag." と読ませるようにしてください。

③ 同じ表現が2回出てきた時は、2回目は子どもたちに読ませてください。

実践編――第5章　絵本を使った読み書きの指導

④ "Where did it go?" "Where did it get in?" "Where did it get out?" などは動作でinやoutなどを示して意味を理解させてください（ASLでinを表す時は、左手で輪を作り、右手の指4本を左手の中に入れる動作をします。右手を左手から出した時はoutの意味になります）。

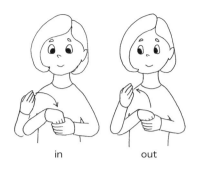
in　　　out

⑤ "Pat's fat rat is on a bat."（パットの太ったネズミはbatの上にいる）と読んだら、「batって何かな」と意味を考えさせてください。batにはコウモリの意味と、野球のバットの意味があります。

⑥ cageとsafeは韻を踏んでいます。「ケージ」「セーフ」のように日本語読みにならないように、aを /eɪ/ と読む（名前読みする）ことを教えてください。a-eの組み合わせの語の場合、aは長母音の読み（/eɪ/）になります。

Pat's Fat Rat

Pat has a fat rat.
Pat's fat rat is not in the cage.

Where did it go?

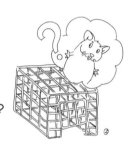

Pat's fat rat is in a bag.
How did it get in?

Pat's fat rat is on a mat.
When did it get out?

Pat's fat rat is on a bat.
What? On a bat?

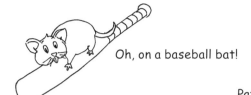
Oh, on a baseball bat!

Pat's fat rat is in a hat.
Which hat did it get in?

Pat's fat rat is in Sally's hat.
Whose hat? Daddy's hat?
No, Pat's fat rat is in Sally's hat.

Oh, oh, Pat's fat rat is on a cat now!

Back to the cage!
Pat's fat rat ran to the cage.
The cage is safe.

(Written by Makiko Tanaka.
Illustrated by Sina Takada.)

<訳>
パットはまるまると太ったネズミを飼っている。パットの太ったネズミはおりにいない。／どこ行ったのかな。／パットの太ったネズミはバッグの中にいるよ。どうやってその中に入ったのかな。／パットの太ったネズミはマットの上にいる。いつそこから出てきたのかな。／パットの太ったネズミはbatの上にいる。何だって？ batの上？／ああ、野球のバットね。／パットの太ったネズミは帽子の中にいる。どっちの帽子に入ったのかな。／パットの太ったネズミはサリーの帽子の中にいるよ。誰の帽子？ パパの帽子？ いいえ、パットの太ったネズミはサリーの帽子の中だよ。／あ、パットの太ったネズミは今ネコの上に乗っかっている！／おりに戻れ！ パットの太ったネズミはおりに向かって一直線。おりは安全だね。
(作：田中真紀子、イラスト：高田シーナ)

『ウサギとライオンの動物パーティ』(*Rabbit and Lion's Animal Party*)

◆ 目的：アルファベットの Rr /r/ と Ll /l/ の音素認識を高め、RrとLlで始まるいろいろな動物の名前を学ぶ。
◆ 準備するもの：
　以下はすべてグループの数の分準備（1グループは4～6人程度）。
① 子どもたちの読みの練習用に作成した *Rabbit and Lion's Animal Party* の本。
② Rrで始まる動物（rabbit, raccoon, reindeer, rhinoceros, red knee tarantula, river turtle, rattlesnake）と、Llで始まる動物（lion, llama, lemur, lamb, leopard, lizard）をカードの形にしたもの。
③ 大きな模造紙に、以下のストーリーを書き写したもの。
◆ 手順・指導のポイント：
① ここではRrで始まる動物とLlで始まる動物を集めてあります。まず単語カードを使って、それらの動物の読みをRrとLlに注意して子どもたちと一緒に読んでください。語頭がRrの動物は"/r/ /r/ raccoon"とrの音を教えてください。
② 実際どのような格好をした動物なのか正確に学べるように、Google Imageなどで検索して子どもたちに写真を見せてあげてください。
③ 本の中で、「名前の始めにr（アール）がつく方は、ウサギの部屋に行ってください。名前の始めにl（エル）のつく方は、ライオンの部屋に行ってください」という箇所に来たら、その先は出てきた動物でどの動物がLlで始まり、どの動物がRrで始まるか、子どもたちに考えさせ、答えさせてください。
④ また、本の中で「ウサギとライオンは、哺乳類はみんな牧場に、そして爬虫類は川に行くように提案しました」という箇所に来たら、どの動物が哺乳類でどの動物が爬虫類か考えさせ、答えさせてください。
⑤ red knee tarantulaは爬虫類でも哺乳類でもなく、クモ類（arachnid）に属することを、質問して気づかせてください。またクモ類は昆虫（insect）ではないことにも気づかせてください。
⑥ 最初から一緒に読んでください。その際、単語カードで勉強した動物の名前は子どもたちに読ませてください。

Rabbit and Lion's Animal party

Rabbit and Lion live near a forest.
Rabbit invited animals for a party.

Llama, Raccoon, Lemur, Reindeer, Lamb, Rhinoceros, Leopard, Red knee tarantula, Lizard, River turtle, and Rattlesnake came to the party.

They did not fit in Rabbit's room, so Rabbit asked Lion to share his room.
Those with r at the beginning of the name, please go to Rabbit's room. Those with l at the begging of the name, please go to Lion's room.

So, Llama, Lemur, Lamb, Leopard, and Lizard went to Lion's room, and Raccoon, Reindeer, Rhinoceros, River turtle, Red knee tarantula, Rattlesnake went to Rabbit's room.

The rooms were still very packed, so Rabbit and Lion suggested that all mammals go to the ranch, and all reptiles go to the river.
So, Llama, Lemur, Lamb, Leopard, Raccoon, Reindeer, Rhinoceros, went to the ranch, and Lizard, River turtle, and Rattlesnake went to the river.

Oh, what about red knee tarantula? What is he? He is not a mammal, and he is not a reptile. He is an arachnid. Well, then, he can invite his scorpion friend, and go to the river.

Rabbit and Lion are very
happy to have them all.

(Written by Makiko Tanaka. Illustrated by Sina Takada.)

<訳>

ウサギとライオンが森の近くに住んでいます。ウサギが動物たちをパーティーに招待しました。

ラマ、アライグマ、キツネザル、トナカイ、ヒツジ、サイ、ヒョウ、レッドニータランチュラ、トカゲ、カワガメ、そしてガラガラヘビがパーティーにやってきました。

彼らはウサギの部屋に入りきれなかったので、ウサギはライオンに彼の部屋を貸して欲しいと頼みました。名前の始めにr（アール）がつく方は、ウサギの部屋に行ってください。名前の始めにl（エル）のつく方は、ライオンの部屋に行ってください。

というわけでラマ、キツネザル、ヒツジ、ヒョウ、そしてトカゲがライオンの部屋に行き、アライグマ、トナカイ、サイ、カワガメ、レッドニータランチュラ、そしてガラガラヘビがウサギの部屋に行きました。

部屋はまだとても混みいっていたので、ウサギとライオンは、哺乳類はみんな牧場に、そして爬虫類は川に行くように提案しました。そこでラマ、キツネザル、ヒツジ、ヒョウ、アライグマ、トナカイ、そしてサイは牧場へ、トカゲとカワガメ、そしてガラガラヘビは川に行きました。

あれ？レッドニータランチュラはどうなのでしょう。彼は何かな。彼は哺乳類ではないし、爬虫類でもありません。彼はクモ類です。それじゃあ、友達のサソリを連れてきてもらって、川に行ってもらいましょう。ウサギとライオンはみんなを招待できて、とても幸せに思いました。

(作：田中真紀子、イラスト：高田シーナ)

3. 絵本の読み聞かせ（storytelling）：イソップ物語

以下は、イソップ物語を小学生用に書き直したものです。読み聞かせるだけでなく、絵本にして子どもたちがいつでも振り返って読めるようにしてください。

準備するものは、すべてのストーリーに共通で、①指導用にストーリーを絵本の形にしたもの（後ろの席の子どもでも字が読める大きさ）、または、大きな模造紙にストーリーを書き写したもの、②子どもたちの読みの練習用にストーリーを本の形にしたものをグループの数の分（1グループは4〜6人程度）です。

『アリとさなぎ』(*The Ant and the Chrysalis*)

◆ 指導のポイント: このストーリーは「人は見かけによらない」ということが教訓になっています。話の流れを予測させながら読み進めてください。アリとさなぎのことばは、声の調子や顔の表情を変えて読んでください。

◆ 手順:

① 最初は先生が読んで聞かせる。その際、キーワードで止まって語の意味を尋ね、音素ごとに確認しながら読む。

 T： ... in search of ... ? How do you read next?（in search of…で次は何て読むのかな）
 Ss： food
 T： そうですね。/ɛf/ /f/ foodですね。そしたらアリは何をしているのかな。…食べ物を探しているんですね。

② 蝶の変態を説明しながら、chrysalisの意味（さなぎ）と話の展開を予測させる。
③ 最後まで読み終わったら、全員で声に出して一緒に読む。
④ グループで一緒にこれを本にしたものを読む。

The Ant and the Chrysalis

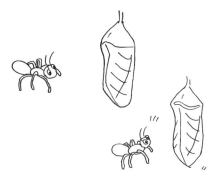

An Ant runs around in search of food. He sees a Chrysalis. The Chrysalis moves his tail.

The Ant says to the Chrysalis, "You poor creature. How sad it is to be you! I can run from here to there. I can go up trees. I can find food. You cannot move. You cannot climb trees. You cannot find food."

The Chrysalis heard this, but she did not reply.

A few days later the Ant passed again. Only the Chrysalis shell remained. The Ant looked around to find what happened to the Chrysalis. Suddenly a beautiful butterfly blocked the sun. Its gorgeous wings cooled the Ant in the hot afternoon.

"Look at me," said the butterfly, "When you saw me first, you pitied me. Now I can move through the air. I can fly up trees. I can eat the sweetest nectar from flowers."

Then the Butterfly flew away, and the Ant never saw her again.
　Appearances can be deceiving.

(Written by Aesop. Adapted by Edward Sanchez. Illustrated by Sina Takada.)

<訳>

　アリは食べ物を探して走り回っています。するとさなぎを見つけます。さなぎはしっぽを動かしています。アリはさなぎに言いました。「かわいそうな生き物だな。君みたいになったらどんなに悲しいことか！ 僕はここからあっちまで走れるし、木にだって登れる。食べ物だって探せる。君は動けない。木に登ることもできない。食べものも見つけられない」

　さなぎは聞こえていたけれど、何も答えませんでした。

　2～3日後、アリがまた通り過ぎました。するとさなぎの抜け殻しか残っていません。さなぎに何が起こったのか、周りを見てみました。すると突然、美しい蝶が太陽の光を遮りました。その豪華な羽が暑い午後にアリを涼めてくれました。

　「私を見て」と、蝶が言いました。「私のことを初めて見たとき、あなたは私を哀れみました。今は私は空中で動ける。木に飛んで行くこともできる。お花のいちばん甘い蜜を吸うことだってできる」

　蝶はそう言って飛んで行ってしまいました。アリは蝶を見ることはそれ以降ありませんでした。人は見かけによらないのです。

（原作：イソップ、作：エドワード・サンチェス、イラスト：高田シーナ）

『腹と仲間達』(*The Belly and the Members*)

◆ 指導のポイント：イソップの原作では「身体と一国の有り様は同じです。自分の本分を公共のために尽くさなければいけません」という教訓となっていますが、ここでは、みんなが協力することの重要性を述べています。

◆ 手順：『アリとさなぎ』の場合と同じように、最初に先生が読み聞かせながら語の読みと意味の確認をし、その後子どもたちと一緒に読む。

The Belly and the Members

One day after eating dinner, the Members of the Body had a meeting. They were angry that they worked hard and the Belly got all the food.

"Every day I work hard and walk to the store to buy food," said the Legs.
"I work hard and prepare every meal," said the Hands.
"I have to chew a lot," said the Mouth.

"Belly receives all the food. He should work hard like us," said the Legs.
"Yes! He should also share the food," added the Hands.
"We should strike!" said the Mouth.

The Members decided to strike until the Belly worked more and shared the food. For the first two days, the Legs did not go to the store, the Hands did not prepare food, and the Mouth did not chew.

After two more days, the Members began to feel sick. The Hands could not move. The Mouth was very, very dry. The Legs could not stand.

They had another meeting. They realized that Belly was doing a lot of work and taking care of the Members. They decided to do their part. They knew then that all must work together to be healthy.

(Written by Aesop. Adapted by Edward Sanchez. Illustrated by Sina Takada.)

<訳>

　ある日夕食が終わってから、体のメンバーが会議を開きました。彼らはみんな一生懸命働いているのに、お腹がご飯をみんな食べてしまうので怒っています。
「僕は毎日一生懸命働いて、店まで食べ物を買いに歩いて行っているんだ」と脚が言いました。
「僕は毎回食事を作っているんだ」と手が言いました。
「僕は一生懸命噛まなきゃいけないんだ」と口が言いました。
「お腹がみんな食べちゃうけど、彼も僕たちのように働くべきだよ」と足が言いました。
「そうだ！　僕たちにもご飯を分けるべきだ」と手がつけ加えました。
「我々はストライキをすべきだ！」と口は言いました。
　メンバーはお腹がもっと働いて、ご飯を分けてくれるまで、ストライキを起こすことにしました。最初の2日間、脚はお店に行きませんでした。手は食事の支度をしませんでした。口も噛みませんでした。その2日後、メンバーはだんだんと具合が悪くなってきました。手は動けなくなって、口はとても乾いてきました。脚は立っていることができなくなりました。
　彼らはまた会議を持ちました。彼らはお腹はいっぱい仕事をして、メンバーの面倒を見ていることに気

づきました。彼らは自分の仕事をすることにしました。その時みんな協力して働かなければ、健康でいられないことを知ったのです。
（原作：イソップ、作：エドワード・サンチェス、イラスト：高田シーナ）

『アリとキリギリス』（*The Ant and the Grasshopper*）

◆ 指導のポイント：これは「備えあれば憂いなし」「将来に備えて一生懸命働くべきだ」ということを教訓にしたストーリーです。子どもたちにとっては今何をすることが大切か考えさせながら読んでください。

◆ 手順：『アリとさなぎ』の場合と同じように、最初は先生が読み聞かせながら語の読みと意味の確認をし、その後子どもたちと一緒に読む。

The Ant and the Grasshopper

Greg is a grasshopper. Greg hops through the grass. Greg likes to sing and play. He does not like to work hard.

Andy is an ant. Andy loves his family. Andy works hard for his family.

One day Greg was hopping. Hopping, hopping, happily hopping. Greg saw Andy in the field. Andy is working hard.
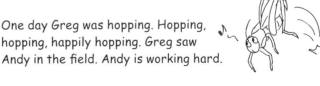

Andy is carrying food to his home. It is a very hot day in August, but Andy is working very hard.

Andy carried food many times from the field to his home.
Greg said to Andy,
"Don't work so hard. Come and play with me."
Andy replied,
"I need to save food for the winter for my family. You should do the same."
Greg said,
"We have so much food now. There is no need to worry about winter."
Andy said,
"But soon the cold winter will come. I need to save food for my family."

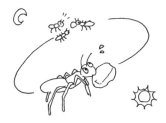

Andy kept working hard, and he stored food for his family.
When winter came, everything became dry. Greg had no food. He could not find food anywhere.
"I have no food now. I am very hungry."

Greg became very skinny. He saw that Andy and his family ate food every day because Andy worked hard during the summer. At this time Greg learned: We should work hard and prepare for our future.

(Written by Aesop. Adapted by Edward Sanchez. Illustrated by Sina Takada.)

<訳>

　グレッグはキリギリスです。グレッグは野原をピョンピョン飛び回っています。グレッグは歌ったり踊ったりすることが好きです。仕事をすることは好きではありません。

　アンディはアリです。アンディは家族が大好きです。アンディは家族のために一生懸命働きます。

　ある日、グレッグはピョンピョン飛び回っていました。ピョンピョン、ピョンピョン、幸せそうにピョンピョン、ピョンピョン。グレッグはアンディを野原で見つけました。アンディは一生懸命働いています。

　アンディは家に食べ物を運んでいます。8月のとても暑い日ですが、アンディは一生懸命働いています。

アンディは野原から家まで何度も食べ物を運んでいます。

グレッグがアンディに言いました。「そんなに一生懸命仕事しないで、僕のとこに来て一緒に遊ぼうよ」

アンディは言いました。「僕は家族のために冬に備えて食べ物を確保する必要があるんだよ。君もそうすべきだよ」

グレッグは言いました。「今たくさん食べものがあるじゃない。冬のことは心配しなくて大丈夫だよ」

アンディは、「でもすぐに寒い冬がやってくる。だから家族のために食べ物を確保しなきゃいけないんだ」

アンディは一生懸命働いて、家族のために食べ物を貯蔵しました。冬がやってきて、すべて乾燥してきました。グレッグは食べ物がありません。どこにも食べ物を見つけることができませんでした。「僕は食べるものがない。とっても腹ペコだ」

グレッグは痩せてきました。彼はアンディが夏の間に一生懸命働いたから家族と毎日ご飯を食べているのを見ました。この時グレッグは「将来に備えて一生懸命働くべきだ」ということを学びました。
(原作：イソップ、作：エドワード・サンチェス、イラスト：高田シーナ)

『ライオンとネズミ』(*The Lion and the Mouse*)

◆ 指導のポイント: これは「小さい友人が偉大な友人になることもある」という教訓を示しています。ライオンとネズミの対話があるので、この部分については子どもたちと共有リーディング (shared reading) してください。

◆ 手順:『アリとさなぎ』の場合と同じように、最初に先生が読み聞かせながら語の読みと意味の確認をし、その後子どもたちと一緒に読む。

The Lion and the Mouse

Mark is a mouse. Luke is a lion.
One day Luke is sleeping, and Mark is looking for food. Mark does not see Luke. Mark runs up Luke's mane. This awakens Luke.

"Roar!" says Luke. "You have disturbed my sleep. Because of this I will eat you."
"No!" squeaks Mark. "Please, do not eat me. If you let me live, I will surely repay your kindness someday."

"Ha, ha, ha!" laughs Luke. "You will repay me? Ha, ha, ha! You are funny!"
"Yes, kind sir. I will. When you need me, just roar, and I will come to you," promises Mark. "How can a mouse repay me? Okay, you made me laugh a lot. I will let you live," says Luke. Luke lets the mouse go.

A few days later, Luke was walking through the forest. Suddenly, he is caught in a net trap. He uses his strength, but he cannot escape. He roars in desperation.

Mark hears Luke's roar. He runs to Luke. He finds Luke and asks, "Kind sir, are you okay?"

"Cute little mouse, yes, I am okay for now. But the hunters will come soon, and they will kill me," says Luke.

"No, kind sir. I will not allow that," squeaks Mark. Mark starts chewing the rope. He chews and chews. Finally, the rope breaks, and Luke is free.
"I know you didn't believe me," squeaks Mark. "But I promised to help you one day. Even a little mouse can help a big and strong lion."

"Thank you, my little friend," says Luke. "I will not forget that lesson." And they are both still friends to this day.
Little friends may prove to be great friends.

(Written by Aesop. Adapted by Edward Sanchez.
Illustrated by Sina Takada.)

<訳>
　マークはネズミです。ルークはライオンです。
ある日、ルークは居眠りをしていて、マークは食べ物を探しています。マークはルークに気づいていません。マークはルークのたてがみにチョイと飛び乗ります。これがルークを起こすことになってしまいます。
「ガオー」とルークが言います。「俺の睡眠を邪魔したな。だからお前を食うぞ」
「やめて!」とマークがチュウチュウ言います。「どうか僕を食べないで。僕のこと生かしてくれたら、君にいつかきっと恩返しをするから」
「ハ、ハ、ハ!」とルークは大笑いします。「俺様に恩返しだって?　ハ、ハ、ハ!　面白い奴だな」
「はい。親切なあなた様。きっとそうします。僕が必要になったら、吠えてください。そしたらあなたのところにやってきます」とマークは約束します。
「ネズミがどうやって俺様に恩返しができるっていうんだ?　いいさ、お前は俺様をいっぱい笑わせた。お前を生かしてやろう」とルークは言います。それでルークはネズミを放してやります。
　2,3日後、ルークは森を歩いていました。突然、彼はネットの罠に引っかかってしまいます。力を使っても逃げることができません。絶望的になって、大きな声で吠えます。するとマークがルークのほえる声を聞きます。彼はルークのところへ走っていきます。ルークを見つけて、「親切なあなた様、大丈夫ですか」と聞きます。
「小さくてかわいいネズミよ、今は大丈夫だ。でもすぐにハンター達がやってきて、俺様を殺すだろう」ルークは言います。
「そんなことはないですよ。親切なあなた様。そんなことはさせません」マークがチュウチュウ言います。マークは縄を噛み始めます。噛んで、噛んで噛み続けます。やっと縄が切れ、ルークは自由になります。
「僕のことを信じてくれなかった」マークは言います。「でもいつかあなたを助けると約束したでしょう。小さなネズミだって大きくて強いライオンを助けることができるんだ」
「ありがとう。僕の小さな友達よ」とルークが言います。「その教訓は忘れない」

それで彼らは今日も友達同士です。「小さい友人が偉大な友人になることもある」のです。
（原作：イソップ、作：エドワード・サンチェス、イラスト：高田シーナ）

Column

アメリカの授業風景
読み聞かせからクラフトへ：「先生1ページ抜かしたよ」

　Mrs. Evansの幼稚園児のクラスでは、Mrs. Evansが子どもたちにHippo's Tooth Surprise! というストーリーを読み始めました。子どもたちは真剣にお話を聞いています。すると1人の子どもが、"You skipped the page." (1ページ抜かしたよ) と先生に教えてあげています。先生は "Did I skip the page?" (1ページ抜かした？) と言って、そのページに戻ってお話を読んであげます。大人は気づかなくても、子どもはストーリーをよく聞いていて、話をよく覚えていることがこのような会話から窺えます。

　Mrs. Evansはこの後、歯型が描かれた用紙を出して、歯を指しながら「食べ物を噛み砕く時はどの歯を使う？ ここね。これらはmolars (臼歯) というのよ。食べ物を噛み切る時は？ ここはincisors (門歯) というのね。 これは犬や狼にあるからcanines (犬歯) というのよ」と、子どもとのやりとりを通して説明しています。次に、子どもたちに赤の画用紙と、歯型が描かれた用紙を渡し、歯を切り抜いて、赤い画用紙に貼りつけるように指示しています。赤い画用紙は半月状に、口が開くような感じに折りたたんで、そこに歯を糊づけしていきます。そして歯型が描かれた画用紙の下に書かれているmolars, incisors, canines も切り抜いて、歯の横に貼っていきます。作業が終わったら自分の名前を表に書いて、先生に提出します。

　このようにストーリーを楽しみながら歯の大切さを教え、次に歯の位置を勉強して、名前も確認します。幼稚園の子どもなので、切り取ったり、糊をつけたり、貼りつけたりする手作業も、運動機能を高める重要な教育です。また、ただ絵本を読んでもらうだけでなく、実際に歯型を見て、糊づけをするという体験を通して、子どもたちは歯の役割なども勉強するわけです。これは絵本の読み聞かせから「生体」の勉強へと広げていった教育内容です。

　ちなみにHippo's Tooth Surprise! という絵本は、虫歯になったカバのお話で、あまりの歯の痛みでとんでもない行動をするカバを、森の動物たちが助けてあげようとするお話です。このお話を日本の小学生に読んであげる場合は、事前の語彙チェックが必要です。（Hickory Elementary SchoolのMrs. Evansのクラスより）

Marjorie Dennis Murray (2009). Hippo's Tooth Surprise! Scholastic.
https://www.youtube.com/watch?v=Zq4Qt-zWgCU

その他の読み書きの指導

本章では、まず一般的によく知られているゲームを文字指導に活用する方法を、まとめを兼ねて紹介します。文字に慣れ親しんだり、音素認識を高めたり、またフォニックスの指導としても活用できます。次に、アメリカで人気のテレビ番組から、楽しみながら文字の学習ができるゲームを紹介します。

 1. カードやワークシートを使ったさまざまなアクティビティ (Activities using cards and worksheets)

以下は、よく知られたゲームを、読み書きの指導に応用したものです。

アクティビティの種類	アクティビティの仕方
神経衰弱 Let's play memory game!	バラバラに伏せて置いたカードの中から2枚めくり、その2枚がペアになったら取ることができるゲーム。①アルファベットの大文字と小文字を合わせる、②26枚の絵カードと26枚のその絵を表す英語だけが書かれたカードをマッチさせる、③同じ音で始まる語（例えば、appleとant）をマッチさせる、などに使う。5〜6人のグループに分かれて行う。
ミッシングゲーム Let's play missing game!	文字や英語のカードを5〜7枚用意し、"Close your eyes."と指示を出して目をつぶらせる。先生がカードを1枚抜き、"Open your eyes now. What's missing?"と尋ねる。Missingとなったカードを英語で言わせる。クラス全体や、ペアで行うことも可能。
カルタ取りゲーム Let's play karuta!	バラバラに並べた絵なしの文字や単語カードから、①先生が発音した文字や単語を選ばせる、②音素認識を高めるために、先生が/æ/と発音し、その音で始まる語（例えばalligator, apple, ant）を選ばせるなど。ペアで対戦しても、グループ対抗にしても可。

ゴー・フィッシュ Let's play Go fish!	4～6人のグループを作り、1人に5枚ほど、絵なしの単語カードを配り、残りは子どもたちの中心に積んでおく。Aさんがappleと書かれたカードを持っている場合、Bさんに"Do you have an apple?"と聞き、Bさんがappleと書かれた単語カードを持っている場合はAさんにそれを渡す。Aさんは自分のものと合わせて、そのカードを手放すことができる。もしBさんがappleと書かれたカードを持っていなかったら、Aさんに"Go fish!"と言って、Aさんは積まれたカードから1枚引く。最初にカードがなくなった人が勝ち。
ジェスチャーゲーム Let's play charades!	クラスを2つのグループに分ける。子どもたちの1人が、単語カードに書かれた語（例えばbaseball）をジェスチャーで表し、ほかの人がそれを"baseball"と当てる。単語レベルだけでなく、"I like baseball.""I play baseball."などの内容を当てさせることもできる。
ビンゴゲーム Let's play Bingo game!	複数の単語を板書しておき、子どもたちが好きなようにマス目に単語を書き写す。先生が言った単語をチェックし、タテ、ヨコ、ナナメの列が全部そろったら"Bingo!"となる。用紙に"banana"と書いても、先生が"I want to eat a banana."と言ったら数に数えるが、"I don't want to eat a banana."と言ったら含めないなど、内容を高度にすることもできる。
ボンゴゲーム Let's play Bongo game!	ビンゴゲームと似ているが、ビンゴゲームと違い、最初からマスに単語（絵なし）が書いてある。子どもたちは、消しゴムなどをマスの上に4つほど置く。消しゴムが置かれてある単語が読まれたら、それを取り除く。消しゴムがすべてなくなったら勝ち。これも文字や単語レベルだけでなく、買い物するものや買い物をして買ってきたものを先生が読み上げ、それを外していくというやり方をすることもできる。例えば、"I want to buy milk, cheese, and bread.","Yesterday, I went to buy apples, oranges, and lemons, but I could only buy oranges."など。
集中力ゲーム Let's play concentration game!	先生が言った文字や単語を子どもたちは覚えておき、言われた順番に文字や単語を並べていく。文字や単語の数は最初4つから始め、だんだんと増やして難しくする。クラス全体で行うことも、あるいはグループに分けて対抗させることもできる。
サイモン・セズ Let's play Simon Says!	カードを使って"Simon says"のゲームをする。これはアルファベットの名前読みや音の練習などにも使える。例えば、①先生が"Simon says, 'Show me a letter b.'"と言ったら、子どもたちはアルファベットのbのカードを高くあげる、②先生が"Simon says, '/b/ /b/ bear.'"と言ったら、bのカードを高くあげるなど。また、単語レベルで"Simon says, 'Show me the lion.'"と先生が言ったら、子どもたちはlionと書いてある単語カードを選ぶということもできる。単に聞いた単語を選ばせるのではなく、子どもたちに集中して聞かせるのに有効。

実践編──第6章　その他の読み書きの指導

 2. 単語を探せ！（Search words!）

　単語探しは、発見しなければならない単語の数を調整し、その単語以外は書かず、空白を残しておくか、空白は全部関係ない文字で埋めてしまい、その中から単語を見つける、とすることもできます。以下の例は空白がいくつもありますが、ここから空白を全部適当な文字で埋めてしまうと難易度が上がります。

word searchの例：動物の単語を探してみよう！いくつ見つかったかな？

h	o	r	s	e		l			
	f	o	x		f	i	s	h	
a	l	l	g	a	t	o	r		
n	y	d	o	g		i	n		
t	s	e	a	l	g				
	c	a	t		e	a	g	l	e
		b	e	a	r				

※このグリッドには horse, fox, fish, dog, seal, cat, eagle, bear, ant, fly, tiger, lion, goat など13の単語が隠れています。alligatorだけは、i が抜けており、正しい語になっていません。word searchをする際、よくスペリングを確認するよう注意をうながしてください。このアクティビティはペアや3〜4人のグループで行うことをすすめます。

　　T：Let's search words! How many words are hidden in this grid?（単語探しをしよう！このグリッドにはいくつ単語が隠れているかな？）
　　Ss：（ペアで単語を探す）14！
　　T：What are they?（それらは何ですか）
　　Ss：（ペアで見つけた単語を言う）Alligator!（ワニ！）
　　T：Alligator? Is the spelling correct?（ワニ？スペリングは正しい？）
　　Ss：i がない。
　　T：Right! "i" is missing, so alligator does not count.（そうですね。"i"が足りません、だからalligatorは入りません）

グリッドは、文字を書く練習をするのにも役に立ちます。以下は、グリッドを使って文字を書く練習のサンプルと、その解説です。これらの指導に使える白紙のグリッドは、巻末「grid blank」(p.184)に掲載していますので活用してください。

グリッドを活用した「書く」指導のいろいろ

	a	b	c	d	e	f	g	h	i	j	k	l	m	n	o	p	q	r	s	t	u	v	w	x	y	z
1	A	B	C		E		G																			
2	H						N														u	p	g	k	a	f	w	e
3		P	Q	R			T	U													x	m	b	i	t	j	d	v
4	V		X		Z																z	r	n	o	c	l	s	y
5									l	i	o	n					c											
6						b	e	a	r								a	d										
7									a	l	l	i	g	a	t	o	r					d	o	g				
8											m	o	n	k	e	y					g				o			
9														g								c	a	t				
10											e	l	e	p	h	a	n	t						t				
11																						f						
12			d	h	f	h	e	k	n	m	l									o	c	t	o	p	u	s		
13			j		g	o	a	t	i	g	e	r										u	x	i	n			
14			c	i	g	t	d	p	i	n	k			a	n	t					r		a	r	a	t		
15			u	m	b	r	e	l	l	a	m							e				t		n	k			
16			w	k	l	e	s		u	n	u	v							s			l	i	o	n	e	s	t
17			a	t	u	d	k	i	n	g	i									t		l	e	m	o	n		
18			b	x	e	g	r	e	e	n	p																	

① 空欄に文字を埋めよう！（Let's write letters in the grid!）

先生が文字を一つずつランダムに選んで、書き方を示しながら板書します。子どもたちは、黒板の文字を、<u>アルファベットの順にしたがって</u>、とばした文字は空欄にしてマスに書き埋めていきます。これは小文字で書かせたり、音読みだけを聞かせて、文字と音の関係を練習したりすることもできます。

  T : This is the letter A (/eɪ/). This is how you write A. Please write A on the
    grid. Please write in an alphabetical order. (これはAですね。Aはこう書きます。A
    をグリッドの上に書いてください。アルファベット順に書いてください)

  T : Now, listen carefully. If I said, /æ/, please write "a" on the grid. (それではよく聞
    いてください。もし、/æ/と言ったら、aをグリッドの上に書いてください)

② 足りない文字は何かな？（Let's find missing letters!）
　先生が文字を一つずつランダムに選んで、書き方を示しながら板書します。子どもたちは先生が黒板に書いた文字を、左から順番にマスに書き埋めていきます。次に、グループかペアで足りない文字が何かを考えさせ、最後に、クラス全員で確認します。

③ マスに語を書き入れよう！（Let's write words in the grid!）
　先生はグリッドと、以下のような既習の語を用意しておきます。
　lion, monkey, bear, dog, cat, orange, alligator, elephant
　子どもたちはグループやペアになって、グリッドにすべての語が埋まるようにします。

④ マスに文字を書こう！（Let's write letters in the grid!）
　子どもたちがグループやペアになって、知っている語を好きなように、文字を重ねながら書いていきます。最後にどんな語を書いたか子どもたちに聞き、単語を板書させます。グリッドの形で板書する必要はありません。単語を黒板に写すだけで十分です。

⑤ 単語を探そう！1（Let's find words!）
　子どもたちがグループやペアになって、既習の単語リストから語を選び、文字を重ねながら書き写します。時間がきたら、隣のペアやグループと用紙を交換し、どこに語が隠れているか探し、丸をつけます。丸をつけ終わったら用紙をもとのグループに返し、もとのグループは隠れている語を全部見つけられたか確認します。全部見つけられたら両グループは引き分け、見つけられなかったら、そのグループは負けです。

⑥ 単語を探そう！2（Let's find words!）
　これは⑤を少し難しくしたバージョンです。⑤では、単語だけをマスに書き埋めますが、⑥では空いたマスを全部文字で埋めつくします。あとは⑤と同じ手順で行います。

⑦ 聞こえた文字をグリッドに書こう！（Write a letter you heard!）
　先生がアルファベットの名前、または音を読み、o14, p14などと書く場所を指定します。子どもたちは指定されたマスに文字を書き入れます。
　　T：If I say 'o14, and a (/æ/),' please write "a" there. (もし「o14, /æ/」と言ったら、a
　　　をそこに書いてください)
　全部書き終わったら、どんな語が隠れているか見つけさせます。

3. すごろく（Snakes and Ladders）

◆ 準備するもの：サイコロと、既習の単語を書いたSnakes & Laddersの用紙（巻末「Snakes & Ladders」(p.185) に書き入れる）

＜ルール＞
① 3人1組の小グループを作る。グループごとに対抗して行うので、2つのグループを合わせて大グループを作る。
② 既習の単語を書いたSnakes & Laddersの用紙を大グループに配布する。
③ サイコロはグループ同士で振るのでなく、担任の先生とALTの先生が交互に振る。小グループAは担任の先生が振ったサイコロの数に合わせて進み、小グループBはALTの先生が振ったサイコロの数に合わせて進む。
④ 前進する際、一つひとつの単語を読む。読めない単語があったら、それ以上進めない。
⑤ はしご（ladder）に当たったら、はしごの先に進むことができる。しかし、ヘビ（snake）に当たったら、ヘビのしっぽのところまで戻らなければいけない。

◆ 手順：
① 担任の先生がサイコロを振る。startから出た数だけ進む。担任の先生のサイコロで前進する小グループAは、3人で一緒に一つひとつ単語を読んでいく。単語が読めなかったら、それ以上は先に進めない。
② 先生が子どもに単語の読みを確認する。
　T： How do you read this?（これは何と読むんでしたっけ?）
③ ALTの先生がサイコロを振る。ALTの先生のサイコロで前進する小グループBもサイコロの数だけ前進できるが、読めない単語があったらそれ以上は先に進めない。
④ ②と同様。
⑤ 終わるまで続けると時間がかかるので、時間がきたらどの単語まで進んだか確認し、より先に進んだグループを勝ちとする。

 4. 食事を注文しよう！（Let's order food!）

◆ 目的：子どもたち同士によるコミュニケーションを通して、食べ物の単語を書き写しながら覚える。

実践編──第6章　その他の読み書きの指導

◆ 準備するもの：巻末の「Menu」(p.186) のコピー (用紙A) と、食べ物 (spaghetti, hamburger, nan, paella, tacos, sushi, sandwich, cake, soup, rice, pizza, noodles, sukiyaki, tempura, bread, yogurt) が英語で書かれている用紙 (用紙B) を人数分。

◆ 手順：
① クラス全員に用紙Aと用紙Bを配る。
② ペアを作り、レストランの場面を想定する。1人 (S1) が注文を聞き、もう1人 (S2) が注文をする。
　S1: What would you like? (何にしますか)
　S2: I would like sushi. (お寿司がいいです)
　S1は自分の用紙Aのお寿司絵の下に、用紙Bからsushiを見つけて、sushiと書き写す。
③ 役割を交代して、今度はS2が注文を聞き、注文を受けたら単語を用紙Bから見つけて絵の下に書き写す。このようにして最後まで書き写したら終了。

◆ 指導のポイント：子どもたち全員を起立させ、自由に歩き回ってお客さんに注文を取るというやり方をしてもよいです。そうすると動きがあって、楽しいコミュニケーション活動ができます。その際は、お客さん役の人の名前も、同時にメニューに書き留めておくように指導してください。

5．分類ゲーム (Classification game)

◆ 目的：単語を読んで、それを何かしらの範疇に基づいて分類する。
◆ 準備するもの：後述の「単語書写用ワークシート」(グループごとに1枚ずつ配布)。既習の単語を書いたリスト (A4の用紙に8語程度) を5枚ほど黒板に貼る。
◆ 指導のポイント：
① 単語リストの字の大きさは、わざわざ黒板の前に来ないと見えないくらいの大きさにします。また、単語リストは黒板に貼りつけるようにし、ワークシートには書いて配らないでください。
② 単語はそれぞれ分野ごとにまとまりのあるものを選んでください。以下の「単語書写用ワークシート」は、Animals (動物), Vegetables (野菜), Sports (スポーツ), Occupations (職業) を例としてあげています。ほかに、Colors (色) や、Shapes (形), Fruits (フルーツ), Buildings (建物) などが考えられます。これらの中から4分野選んで、それぞれの分野から2語程度準備してください。

③ 認知的にもう少し高度な活動をする場合は、例えば、扱う単語をすべて動物にして、それを肉食動物と草食動物に分類したり、野生の動物か家畜か、さらに両生類か爬虫類かなどを分類させたりすることもできます。分類が重なる場合は、ワークシートを右のように工夫して共通する部分を真ん中に記すようにすることも可能です。さらに、単語群をどのように分類できるか、子どもたちに考えさせることもできます。

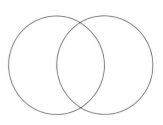

◆ 手順：
① 単語が8語程度書かれている単語リストを、5枚ほど黒板に貼りつける。
② 子どもたちを4～5人1組のグループに分け、グループごとに以下のような単語書写用のワークシートを配る。

単語書写用ワークシート

Animals	Vegetables
Sports	Occupations

③ 子どもたちに、黒板に貼りつけた単語リストをそれぞれ自由に見に来させ、それらがどの分野に属するか考えさせる。その単語をグループで確認しあいながら、「単語書写用ワークシート」に書き写す。
※このワークシートは黒板に持って行かせないようにしてください。黒板に行って意味とスペリングを確認させ、書き写す時は、席に戻って、ワークシートに単語を書かせてください。
④ だらだらしないようにするために「単語書写用ワークシートにいちばん速く書き写すことができたグループが勝ち」とする。
⑤ グループで単語を写すのが終わったら、クラス全体で単語の意味と分類、スペリングを確認する。黒板に書かれている単語の分類が正しくできていたら1点、そし

てそれを正しく書き写すことができていたらさらに1点などと点数をつける。
T： Let's check the answers together.（答えを一緒に確認しましょう）
　　 Did you copy words correctly?（単語を正確に書き写しましたか）

　これから以下に紹介するゲームは、アメリカの人気コメディアン、ジミー・ファロン（Jimmy Fallon）がホストをしているエンターテイメント番組 *The Tonight Show* でよく行われているゲームを、小学校5,6年生向けに、読み書きの練習を楽しみながらできるように作り変えたものです。

6. 知ったかぶりゲーム（Know It All）

◆ 目的：文字を見て認識する。
※ここでは、animals, fruits, sports 関連の語と、その関連の語の読みの復習を目的とします。
◆ 準備するもの：動物の名前、果物の名前、スポーツの名前がそれぞれ5つずつ、順序はばらばらに書かれた用紙（グループごとに1枚ずつ配布）。
◆ 手順：
① 子どもたちを5人1組のグループに分け、用紙をグループに1枚ずつ配布する。
② "Let's play 'Know It All!' What animals do you know?"（知ったかぶりゲームをしよう。どんな動物を知っていますか）と合図し、子どもたちに用紙の中の animals を表す語をグループ内で相談しながら5つ探させる。
③ 見つかったらグループで手をあげ、全グループが手をあげ終わったところで、最初に手をあげたグループが見つけた単語を読み上げる。
④ 読み上げられた単語はすべて板書するか、単語カードがある場合は黒板に貼りつけて、クラス全体で意味を確認する。
※このゲームは、既習事項の復習として行ってください。animals, fruits, sports 以外に、vegetables, weather, occupations, subjects, shapes, colors などと、それに関連した語を使って行うこともできます。扱う語は、難易度を考え、語数も調整してください。

7. ささやきチャレンジゲーム（The Whisper Challenge）

◆ 目的：単語を正確に発音する。口の形に注意し、正しい発音の仕方を覚える。

165

◆ 準備するもの：既習の単語カード。
◆ 手順：
① 子どもたちを5人1組のグループに分け、2グループを教室の前に呼ぶ。
② Aグループの1人がBグループの1人と向かい合わせになって座る。Aグループのほかのメンバーは、Bグループの1人の後ろに立つ。
③ 以下を言ってゲームを始める。
　T： Let's play The Whisper Challenge! What animal is this? (ささやきチャレンジゲームをしよう！この動物は何？)
④ まず先生が、座っている2人だけにわかるよう、例えば、fox のカードを見せる。座っている2人にジャンケンをさせて、どちらが先にこの語を発音するか決める。
⑤ 座っている子ども2人が自分のグループに見えるように、声には出さずに口の形だけで発音する。
⑥ 同じグループのメンバーは、口の形だけを見て、何と言ったか当てる。
⑦ グループが答えられなかったら、相手のグループに回答権が移る。
⑧ なかなか正解が出ない場合は、先生が "It starts from 'Ff' /f/."(/f/ で始まる語)とヒントを出す。それでも答えられなければ、もう一方のグループに回答権が移る。このようにしてヒントを出し続け、正解が出るまで続ける。
⑨ 正解が出たら、グループのメンバーを交代し、別の単語カードでゲームを続ける。
⑩ 正解となった語は、黒板に書くか、単語カードを貼っておく。ゲーム終了後、全員で意味と発音をおさらいする。

※このゲームは、発音する子どもが口の形を正確に示さないと、ほかのメンバーは答えられません。メンバーは口元をしっかり見なければならないので、特に語頭がf（fox, frog, fall, five など）, v（volleyball, volcano, vest, vase など）, h（horse, house, home, hat など）, l（lemon, lettuce, light, low など）, r（right, rice, red, rain など）, w（wind, warm, wet, water など）, th（thin, thick, theme, weather など）の口の形を教えたい時に効果的なゲームです。

　以下に、f, v, th の口の形を写真で示しておきます。そのほか、発音の仕方については巻末「発音する際の口の形」（p.172）を参照してください。

 f/vの口の形　　 thの口の形

8. 初めてのテクストメッセージ（The First Time Textual Experience）

◆ 目的：授業前の日常の挨拶を文字で確認する。
※小学校ではたいてい、朝の挨拶や天気、日にちと曜日を確認してから授業を始めるので、それを英語の text message の形にして文字化し、表現を視覚的に確認することを目的としています。
◆ 準備するもの：なし。
◆ 手順：
① 先生が、"Let's text message!" と言ってから、黒板の左側に吹き出しをつけて "Hello." と書く（p.168を参照）。
② 書き終えたら子どもたちに "Hello." と声に出して挨拶をする。
③ 子どもたちからも "Hello." を引き出したら、黒板の右側に吹き出しをつけて "Hello." と書く。
④ 先生が "How are you today?" と左側下に吹き出しをつけて板書し、挨拶する。
⑤ 子どもたちが "I'm fine, thank you." と答えたら、右側下に吹き出しをつけて板書する。
⑥ そのほか、天気、日にちなどについて、先生と生徒が朝に交わす決まったやり取りを、吹き出しをつけて黒板に書いていく。

＜具体的な質問と回答例＞
　　T : Hello.（または、Good morning. Good afternoon.）
　　Ss : Hello.（または、Good morning. Good afternoon.）
　　T : How are you today?
　　Ss : I'm fine, thank you.
　　T : What's today's date?（今日は何日ですか）
　　Ss : It's <u>October 3 rd</u>.（10月3日です）
　　T : What day is it today?（今日は何曜日ですか）
　　Ss : It's <u>Tuesday</u>.（火曜日です）
　　T : What's the weather today?（今日の天気はどうですか）
　　Ss : It's <u>cloudy</u>.（曇りです）
　　T : What's the temperature?（気温は何度ですか）
　　Ss : It's <u>27</u>（degrees centigrade）.（27度です）

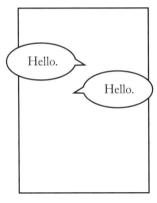

⑦ この後は子どもたちをペアにして、先生と生徒のパートに分かれて一度読む。その後役割を交代する。

※これらは授業で毎回必ず練習する表現なので、音声だけで終わりにせず、板書することをおすすめします。文字で英語を確認できるだけでなく、その日の曜日や日にち、天気、気温によって下線の部分が変わってきますので、子どもたちは文の区切れや語のかたまりがどこかわかるようにもなります。また文字を見慣れて自然と覚えることが期待できます。

9. 決戦ゲーム（Battle shots）

◆ 目的：単語の書写と単語の読みの学習。
◆ 準備するもの：2種類の用紙をクラスの半数分ずつ。Student A（以下、SA）の用紙（次ページを参照）には表の横にlion, snake, bear, goat, cat, deerと書かれている。Student B（以下、SB）の用紙（次ページを参照）には表の横にzebra, frog, tiger, fish, dog, monkeyと書かれている。
◆ 手順：
① ペアを作り、片方にFor Student Aと書かれた用紙、もう一方にFor Student Bと書かれた用紙を配る。
② まず、SBが用紙Bの表のうち空欄になっているマス目のアルファベットと数字（例えばA2）を言う。
③ SAは手元の用紙を見て、表の該当する欄に英語が書かれていたら"Hit!"（あたり!）、外れたら"Miss!"（外れ!）と答える。当たっている場合は、その欄の英語を言う。
SB: A2.
SA: （※A2の欄にはzebraと書いてあるので）Hit! Zebra.
→SBは自分の用紙のA2の位置に自分の用紙に書かれた英語を見ながら、zebraと書き入れる。
SA: B3.
SB: （※SBの用紙のB3の欄には何も書かれていないので）Miss!（外れ!）
④ 先に5つ単語が埋まったほうが勝ち。

実践編——第6章　その他の読み書きの指導

⑤ クラス全体で、単語の意味と発音を確認する。

For Student A

	A	B	C
1		frog	tiger
2	zebra		
3			
4		fish	
5	dog		monkey

lion
snake
bear
goat
cat
deer

For Student B

	A	B	C
1	lion		
2		snake	
3			goat
4	bear		cat
5		deer	

zebra
frog
tiger
fish
dog
monkey

小学生に英語の読み書きをどう教えたらよいか

付録

発音する際の口の形

母音

/ɪ/ 口をやや開き、舌の位置を少し下げ、日本語の「イ」と「エ」の中間の音を発音。/i/ で代用することが多い。例) insect	**/ɛ/** 舌の位置を下げ、日本語の「エ」より口を開け強く発音。/e/ で代用することが多い。例) elephant
/æ/ 口を大きく横に開き、喉を閉めて日本語の「エ」と「ア」の中間の音を発音。例) alligator	**/ɑ/ /ɔ/** アメリカ英語では大きく口を開け、喉の奥から「ア」と発音。/a/ とは別の音。/a/ は喉のやや前の方で発音。イギリス英語では /ɔ/ で「オ」と発音。例) octopus
/ʌ/ 舌を後ろに引っ張り、口を開き喉の奥から息を吐き出すように、日本語の「ア」を発音。例) umbrella	**/ə/** 弱母音（シュワ shwa）と呼ばれる音で、口を少し開き、日本語の「ア」と「ウ」の中間のように発音。例) elephant
/ʊ/ 唇を丸めて突き出し、喉の奥から短く日本語の「ウ」を発音。/u/ で代用することが多い。例) book	**/iː/** 唇を横に強く引っ張り、明瞭に日本語の「イ」を発音。例) eat

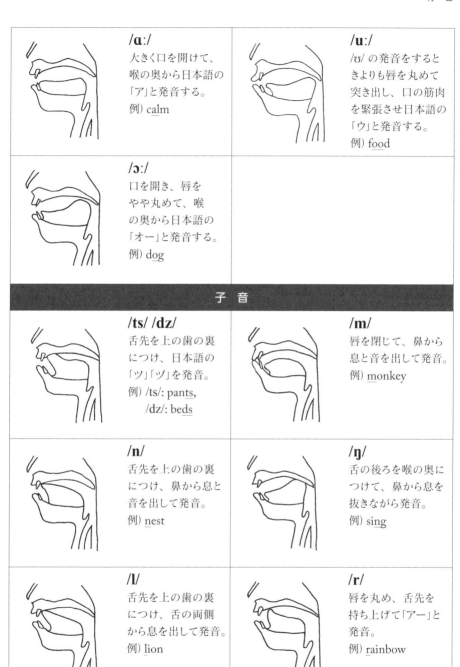

母音

/ɑː/ 大きく口を開けて、喉の奥から日本語の「ア」と発音する。
例) calm

/uː/ /ʊ/ の発音をするときよりも唇を丸めて突き出し、口の筋肉を緊張させ日本語の「ウ」と発音する。
例) food

/ɔː/ 口を開き、唇をやや丸めて、喉の奥から日本語の「オー」と発音する。
例) dog

子音

/ts/ /dz/ 舌先を上の歯の裏につけ、日本語の「ツ」「ヅ」を発音。
例) /ts/: pants, /dz/: beds

/m/ 唇を閉じて、鼻から息と音を出して発音。
例) monkey

/n/ 舌先を上の歯の裏につけ、鼻から息と音を出して発音。
例) nest

/ŋ/ 舌の後ろを喉の奥につけて、鼻から息を抜きながら発音。
例) sing

/l/ 舌先を上の歯の裏につけ、舌の両側から息を出して発音。
例) lion

/r/ 唇を丸め、舌先を持ち上げて「アー」と発音。
例) rainbow

	**/h/** お腹から息を出し、「ハー」と息を吐く発音。 例) hat		**/j/** 舌をやや上げ、舌全体に力を入れ日本語の「イ」と発音。 例) yo-yo
	**/w/** 唇を丸めて突き出し、緊張させた状態で日本語の「ウ」と発音。 例) world		**/p/ /b/** 唇を閉じ、息を貯めてから一気に破裂させるように発音。/p/ は無声音、/b/ は有声音。 例) /p/: piano, 　　/b/: bear
	**/t/ /d/** 舌先を上の歯の裏につけ、息を一気に吐き出して発音。/t/ は無声音、/d/ は有声音。 例) /t/: turtle, 　　/d/: dog		**/k/ /g/** 舌の後ろを持ち上げ、息を吐き出して発音。/k/ は無声音、/g/ は有声音。 例) /k/: kangaroo, 　　/g/: goat
	**/f/ /v/** 下唇を上の歯につけ、息を出して発音。/f/ は無声音、/v/ は有声音。 例) /f/: fox, 　　/v/: volcano		**/s/ /z/** 舌先を上の歯の裏に近づけ、できた隙間から息を出して発音。/s/ は無声音、/z/ は有声音。 例) /s/: sun, 　　/z/: zebra

付　録

 **/θ/ /ð/** 舌先を歯の間に挟み、息を出して発音。/θ/ は無声音、/ð/ は有声音。 例) /θ/: mou<u>th</u>, 　　/ð/: <u>th</u>is	 **/ʃ/ /ʒ/** 舌をどこにもつけず、唇を丸め、日本語の「シ」「ジ」を発音。/ʃ/ は無声音、/ʒ/ は有声音。 例) /ʃ/: <u>sh</u>oes, 　　/ʒ/: vi<u>s</u>ion
 **/tʃ/ /dʒ/** 舌先を上の歯の裏に近づけ、舌の前の部分を上に持ち上げて発音。日本語の「チ」「ヂ」と同じ。/tʃ/ は無声音、/dʒ/ は有声音。 例) /tʃ/: <u>ch</u>eese, 　　/dʒ/: <u>j</u>uice	

115

アルファベットの書き順

付録

All about me

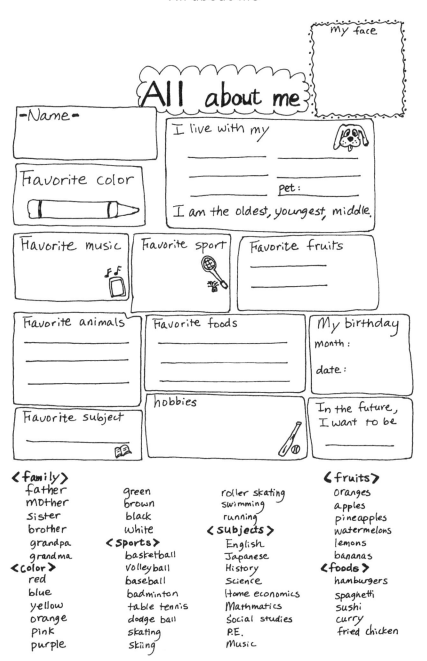

<family>
father
mother
sister
brother
grandpa
grandma

<Color>
red
blue
yellow
orange
pink
purple

green
brown
black
white

<Sports>
basketball
volleyball
baseball
badminton
table tennis
dodge ball
skating
skiing

roller skating
swimming
running

<Subjects>
English
Japanese
History
Science
Home economics
Mathmatics
Social studies
P.E.
Music

<fruits>
oranges
apples
pineapples
watermelons
lemons
bananas

<foods>
hamburgers
spaghetti
sushi
curry
fried chicken

111

キーボード

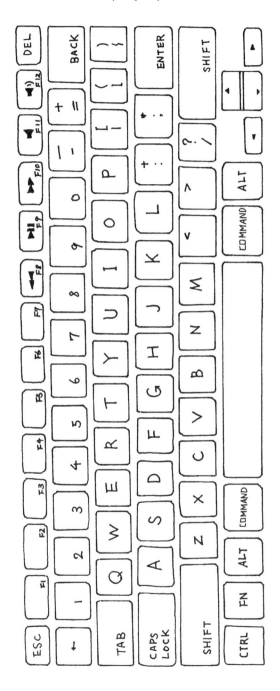

付　録

ASLカード（表面）

ASLの動作

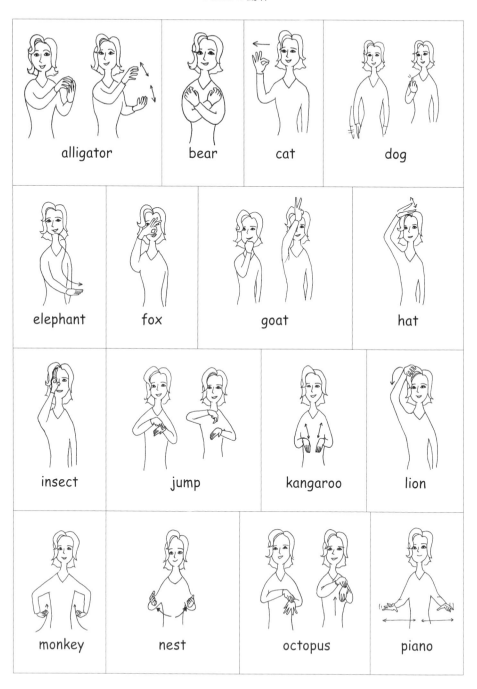

付　録

※この一覧は、前のページの「ASLカード（表面）」のイラストと対応しています。ASLカードの裏面に、この一覧にある英語を書くか、コピーして貼りつければ、カードが完成します。
※この動作は以下のURLで確認できます。
　ABC Phonics Song _Full ASL Song
　https://www.youtube.com/watch?v=GPMp5A_U2ek

ASLアルファベット指文字表

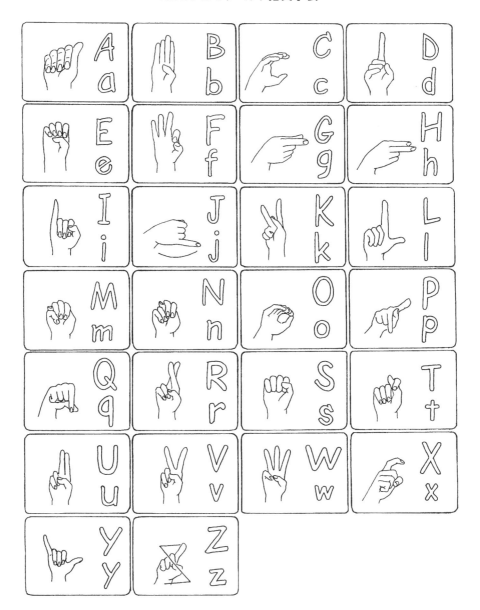

付　録

ブランクシート

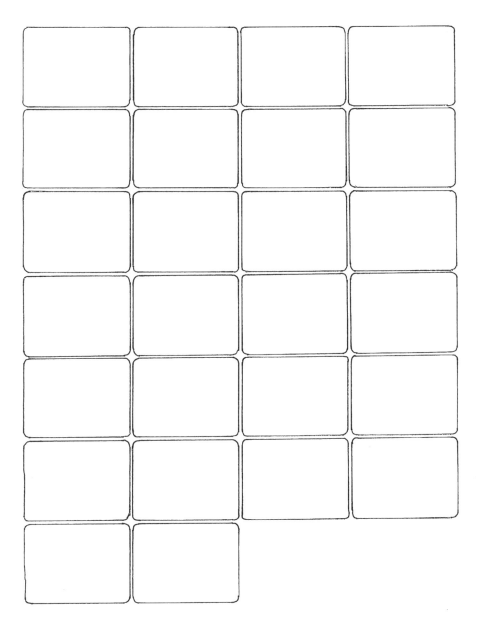

grid blank

	a	b	c	d	e	f	g	h	i	j	k	l	m	n	o	p	q	r	s	t	u	v	w	x	y	z
1																										
2																										
3																										
4																										
5																										
6																										
7																										
8																										
9																										
10																										
11																										
12																										
13																										
14																										
15																										
16																										
17																										
18																										

付　録

Snakes & Ladders

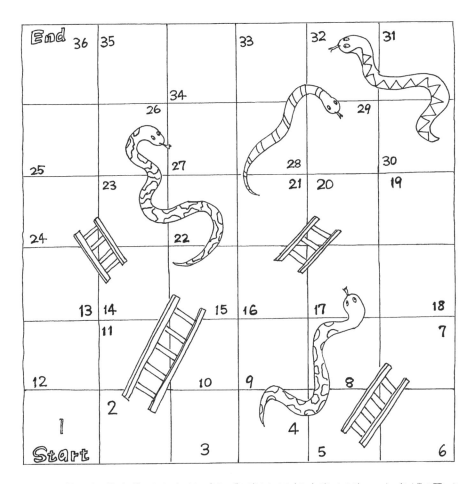

※さいころを振って出た数だけ進みます。ladder（はしご）に来たらその上に上がれますが、snake（ヘビ）の頭にあたってしまった場合はしっぽの先まで下がらなければいけません。この表を使って読みの練習をするときには、1～36のマスに既習の単語を入れてください。先に進んだり、はしごの上に上がるためには、途中の単語が全部読めなければなりません。読めない単語があれば、そこで止まります。

メニュー

子どもたちに読んであげたい推薦図書

　以下は、英語圏において、幼稚園や小学校低学年の子どもたちに読んで聞かせたい絵本として、高く評価されている図書です。本の内容や語彙のレベル、英語のレベルは、amazonなどの書籍販売サイトで、以下の図書名を入力すると確認することができます。また、YouTubeで実際に読み聞かせを聞くことができますので、参照してください。なお、以下の図書は、amazonで注文することができます。

- *Are You My Mother?* by P.D. Eastman. Random House Books for Young Readers. (1998)
- *Brown Bear, Brown Bear, What Do You See?* by Bill Martin Jr. Henry Holt and Co. (1996)
- *Chicka Chicka Boom Boom.* by Bill Martin Jr. and John Archambault. Little Simon. (2012)
- *Dear Zoo.* by Rod Campbell. Little Simon. (2007)
- *Dr. Seuss's ABC: An Amazing Alphabet Book!* by Dr. Seuss. Random House Books for Young Readers. (1996)
- *Eating the Alphabet: Fruits & Vegetables from A to Z.* by Lois Ehlert. HMH Books for Young Readers. (1996)
- *From Head to Toe.* by Eric Carle. HarperFestival. (1999)
- *Giraffes Can't Dance.* by Giles Andreae. Cartwheel Books. (2012)
- *Goodnight Moon.* by Margaret Wise Brown. HarperCollins. (2007)
- *Guess How Much I Love You.* by Sam McBratney. Candlewick. (2008)
- *It's Mine!* by Leo Lionni. Dragonfly Books. (1996)
- *It's Okay To Be Different.* by Todd Parr. Little, Brown Books for Young Readers. (2009)
- *Little Blue Truck.* by Alice Schertle. HMH Books for Young Readers. (2015)
- *Love You Forever.* by Robert Munsch. Firefly Books. (1995)
- *Mouse Count.* by Ellen Stoll Walsh. HMH Books for Young Readers. (1995)
- *Mouse Paint.* by Ellen Stoll Walsh. HMH Books for Young Readers. (1995)
- *Mouse Shapes.* by Ellen Stoll Walsh. HMH Books for Young Readers. (2007)
- *Mr. Brown Can Moo! Can You?* by Dr. Seuss. Random House Books for Young Readers. (1996)
- *One Fish Two Fish Red Fish Blue Fish.* by Dr. Seuss. Random House Books for Young Readers. (1960)
- *Perfect Square.* by Michael Hall. Greenwillow Books. (2011)
- *Pete the Cat: I Love My White Shoes.* by Eric Litwin. HarperCollins. (2010)
- *Press Here.* by Hervé Tullet. Chronicle Books. (2011)

- *The Foot Book: Dr. Seuss's Wacky Book of Opposites.* by Dr. Seuss. Random House Books for Young Readers. (1996)
- *The Giving Tree.* by Shel Silverstain. Harper & Row. (1964)
- *The Going to Bed Book.* by Sandra Boynton. Little Simon. (1982)
- *The Gruffalo.* by Julia Donaldson. Puffin Books; Reprint edition. (2006)
- *The Kissing Hand.* by Audrey Penn. Tanglewood. (1993)
- *The Pout-Pout Fish.* by Deborah Diesen. Farrar, Straus and Giroux. (2013)
- *The Rainbow Fish.* by Marcus Pfister. North-South Books. (1999)
- *The Very Hungry Caterpillar.* by Eric Carle. Philomel Books. (1994)
- *The Very Quiet Cricket.* by Eric Carle. Philomel Books. (1997)
- *Where the Wild Things Are.* by Maurice Sendak. Harper Collins. (2012)

参考文献

理論編

第1章 なぜ文字を教える必要があるか

OECD (2009). *PIAAC literacy: A conceptual framework*. OECD Educational Working Papers, No. 34. PIAAC Literacy expert Group. OECD Publishing, Paris.

—— (2013). OECD Skills Outlook 2013: First Results from the Survey of Adult Skills, OECD Publishing.
http://skills.oecd.org/OECD_Skills_Outlook_2013.pdf

U.S. Department of Education, National Center for Education Statistics.

—— (1992). National Adult Literacy Survey (NALS)
http://nces.ed.gov/pubsearch/pubsinfo.asp?pubid=199909

—— (1994). Literacy Behind Prison Walls. Profiles of the prison population from the National Adult Literacy survey. Office of educational research and improvement.
http://nces.ed.gov/pubs94/94102.pdf

—— (2003). National Assessment of Adult Literacy (NAAL).
https://nces.ed.gov/naal/

—— (2012). FAST FACTS. Average scores on the PIAAC literacy scale for adults age 16-65, by participating country and region: 2012. National Center for Educational Statistics.
https://nces.ed.gov/fastfacts/display.asp?id=69

U.S. Department of Education, Programs.

—— Early Reading First
http://www2.ed.gov/programs/earlyreading/index.html

—— Even Start
http://www2.ed.gov/programs/evenstartformula/index.html

—— Reading First
http://www2.ed.gov/programs/readingfirst/index.html

—— Reading Tips for Parents
http://www2.ed.gov/parents/read/resources/readingtips/index.html

U.S. Department of Justice (1993). Reduced recidivism and increased employment opportunity through research-based reading instruction.
https://www.ncjrs.gov/pdffiles1/Digitization/141324NCJRS.pdf

国立国語研究所 (1972)『幼児の読み書きの能力』東京書籍.

国立教育政策研究所編 (2013)『成人スキルの国際比較―OECD 国際成人力調査 (PIAAC) 報告書』明石書店.

国立教育政策研究所内 国際成人力研究会編著 (2012)『成人力とは何か―OECD「国際成人

力調査」の背景』明石書店．
首藤久義（2013）「就学前読み書き指導の基本原理」『千葉大学教育学部研究紀要』，第61巻，255-262．
深町珠由（2014）「特集・現代日本社会の「能力」評価PIAACから読み解く近年の職業能力評価の動向」『日本労働研究雑誌』，650，71-81．
　　http://www.jil.go.jp/institute/zassi/backnumber/2014/09/pdf/071-081.pdf
ベネッセ教育総合研究所．こどもちゃれんじ．『発達段階調査』．
　　http://www2.shimajiro.co.jp
――（2012）「幼児期から小学校1年生の家庭教育調査報告書［2012年］第2章　子どもの学びの育ち：第1節 幼児期から小1生の学びの育ち」田村徳子．
　　http://berd.benesse.jp/jisedai/research/detail1.php?id=3200
村石昭三（1974）『ことばと文字の幼児教育』ひかりのくに．
文部科学省（2010）「幼児期の教育と小学校教育の接続について」
　　http://www.mext.go.jp/b_menu/shingi/chousa/shotou/070/gijigaiyou/__icsFiles/afieldfile/2010/06/11/1293215_3.pdf
――（2013）「OECD 国際成人力調査 調査結果の概要」PIAAC概要．
　　http://www.mext.go.jp/b_menu/toukei/data/Others/__icsFiles/afieldfile/2013/11/07/1287165_1.pdf
――（2015）「全国的な学力調査」PISA & TIMSS結果の概要．
　　http://www.mext.go.jp/a_menu/shotou/gakuryoku-chousa/sonota/1344324.htm

第2章　日本の小学校における英語教育

朝日新聞（2016年8月2日）「小・中・高 新学習指導要領 審議・まとめ案」「小学英語教科に」．
「小学校英語活動実践の手引き」（Practical Handbook for Elementary School English Activities）（2001）開隆堂．
野呂忠司（2004）「小学校の『英語活動』における文字指導の意義と必要性―小学校と中学校における文字指導の連携をめざして」『愛知教育大学教育実践総合センター紀要』，第7号，151-157．
文部科学省（2004）「小学校の英語教育に関する意識調査　結果の概要」．
　　http://www.mext.go.jp/b_menu/shingi/chukyo/chukyo3/015/gijiroku/05032201/004.htm
――（2009）「小学校学習指導要領」．
　　http://www.mext.go.jp/a_menu/shotou/new-cs/youryou/syo/index.htm
――（2014）「平成24年度小学校外国語活動実施状況」「外国語活動の現状・成果・課題」（資料13-2）．
　　http://www.mext.go.jp/b_menu/shingi/chousa/shotou/102/shiryo/-icsFiles/afieldfile/2014/05/01/1347389_01.pdf
――（2014）「平成26年度 小学校外国語活動実施状況調査の結果（概要）」．
　　http://www.mext.go.jp/componenenu/edut/a_mcation/detail/__icsFiles/afieldfi

le/2015/09/24/1362168_01.pdf
―――（2014）「今後の英語教育の改善・充実方策について　報告（概要）～グローバル化に対応した英語教育改革の五つの提言～」．
http://www.mext.go.jp/b_menu/shingi/chousa/shotou/102/houkoku/attach/1352463.htm
―――（2014）「文部科学省有識者会議」2014年8月8日．
―――（2015）「小学校における英語教育の充実について（論点整理に向けて）」平成27年7月22日教育課程企画特別部会参考資料．
http://www.mext.go.jp/b_menu/shingi/chukyo/chukyo3/053/siryo/__icsFiles/afieldfile/2015/08/04/1360597_7_1.pdf

第6章　文字の読み書きの評価方法

Shin, J. K. and Crandall, J. (2014). *Teaching young learners English: From theory to practice.* Boston, MA: National Geographic Learning. Heinle & Heinle.
文部科学省（2010）「小学校、中学校、高等学校及び特別支援学校等における児童生徒の学習評価及び指導要録の改善等について（通知）」．
http://www.mext.go.jp/b_menu/hakusho/nc/1292898.htm

理論編 & 実践編

音素認識、音韻認識、フォニックス、ホール・ランゲージ

Cassar, M., Treiman, R., Moats, L. Pollo, T. C., and Kessler, B. (2005). How do the spellings of children with dyslexia compare with those of nondyslexic children? *Reading and Writing*, 18, 27-49.
Good, R. H., Simmons, D. C., and Kame'enui, E. (2001). The importance and decision-making utility of a continuum of fluency-based indicators of foundational reading skills for third-grade high-stakes outcomes. *Scientific Studies of Reading*, 5, 257-288.
Ledson, S. (2003). *Teach your child to read in just ten minutes a day.* Toronto, Canada: Mentiscopic Publishing.
Light, J. and McNaughton, D. (2012). Literacy Instruction for Individuals with Autism, Cerebral Palsy, Down Syndrome and Other Disabilities. PennState.
http://aacliteracy.psu.edu/index.php/page/show/id/6/index.html
Moats, L. (2002). When older students can't read. LD Online.
http://www.ldonline.org/article/when_Older_Students_Can%27t_Read
National Reading Panel (2000). *Teaching children to read: An evidence-based assessment of the scientific research literature on reading and its implications for reading instruction.* Washington, D. C.: National Institute of Child Health and Human Development.
Perez, I. R. (2008). *Phonemic awareness: A step by step approach for success in early reading.*

Plymouth, UK: Rowman & Littlefield Education.
Pressley, M. (2014). *Reading instruction that works: The case for balanced teaching* (3rd ed). New York, NY: The Guilford Press.
Settlow, L. and Jacovino, M. (2004). *How to increase phonemic awareness in the classroom.* Oxford, UK: Rowman & Littlefield Education.
Torgesen, J. K. (1998). Catch them before they fall: Identification and assessment to prevent reading failure in young children. *American Educator*, v22 n1-2, 32-39, Spring-Summer 1998. Baltimore, MD: Paul H. Brookes.
Torgesen, J. K. (2004). Avoiding the devastating downward spiral: The evidence that early intervention prevents reading failure. *American Educator*, Fall 2004.
http://www.aft.org/periodical/american-educator/fall-2004/avoiding-devastating-downward-spiral
Torgesen, J. K. (2004). Lessons learned from research on interventions for students who have difficulty learning to read. In P. McCardle and V. Chhabra (Eds.), *The Voice of Evidence in Reading Research*, 355-382. Baltimore, MD: Brookes Publishing.
今井邦彦(2007)『ファンダメンタル音声学』ひつじ書房.
小番雅和(2016)「由利本荘市立ゆり小学校の報告」『JES News Letter』, 3月27日発行.
田中真紀子・河合裕美(2016)「文字指導に対する小学校教員の意識――千葉県中核教員研修後のアンケート結果から」『JES Journal』, 16, 163-178.

歌を使った読み書きの指導

Dewar, G. (2008-14). Music and intelligence. A parent's evidence-based guide. Parenting Science.
http://www.parentingscience.com/music-and-intelligence.html
Fisher, D. (2001). Early language learning with and without music. *Reading Horizons*, 42, Issue.1, Article 8. September/October 2001. 39-49.
http://scholarworks.wmich.edu/reading_horizons/vol42/iss1/8
Gromko, J. E. (2005). The effect of music instruction on phonemic awareness in beginning readers. *Journal of Research in Music Education*, 53(3), 199-209.
Peregoy, S. and Boyle, O. F. (2008). *Reading, writing, and learning in ESL* (5th ed). Pearson.
Saricoban, A. and Metin, E. (2000). Songs, verse and games for teaching grammar. *The Internet TESL Journal*, Vol. VI, No. 10.
http://iteslj.org/Techniques//Saricoban-Songs.html
Schellenberg, E. G. (2004). Music lessons enhance IQ. *Psychological Science*, 15(8), 511-514.
Tarbert, K. (2012). Learning literacy through music. *Oneota Reading Journal*. Luther College.
http://www.luther.edu/oneota-reading-journal/archive/2012/learning-literacy-through-music/

Yopp, H.K.(1992). Developing phonemic awareness in young children. *The Reading Teacher*, 45, 696-703.

体で学ぶ読み書きの指導

Beilock, S. L. and Goldin-Meadow, S.(2010). Gesture changes thought by grounding it in action. *Psychological Science*, 21, 1605-1611.

Broaders, S., Cook, S. W., Mitchell, Z., and Goldin-Meadow, S.(2007). Making children gesture brings out implicit knowledge and leads to learning. *Journal of Experimental Psychology*: General, 136(4), 539-550.

Cook, S. W. and Goldin-Meadow, S.(2006). The role of gesture in learning: Do children use their hands to change their minds? *Journal of Cognition and Development*, 7(2), 211-232.

Cook, S. W., Mitchell, Z., and Goldin-Meadow, S.(2008). Gesturing makes learning last. *Cognition*, 106, 1047-1058.

Daniels, M.(1994). The effect of sign language on hearing children's language development. *Communication Education*, 43, 291-298.

Daniels, M.(1996). Seeing language: The effect over time of sign language on vocabulary development in early childhood education. *Child Study Journal*, 26(3), 193-208.

Daniels, M.(2004). Happy hands: The effect of ASL on hearing children's literacy. *Reading Research and Instruction*, 44(1), 86-100.

Felzer, L.(1998). A multisensory reading program that really works. *Teaching and Change*, 5, 169-183.

Glenberg, A. M., Gutierrez, T., Levin, J. R., Japuntich, S., and Kaschak, M. P.(2004). Activity and imagined activity can enhance young children's reading comprehension. *Journal of Educational Psychology*, 96(3), 424-436.

Glenberg, A. M., Brown, M., and Levin, J. R.(2007). Enhancing comprehension in small reading groups using a manipulation strategy. *Contemporary Educational Psychology*, 32(3), 389-399.

International Communication Learning Institute(2011).
  http://seethesound.org

National Institutes of Health(NIH)(2015). American sign language. National Institute on Deafness and Other Communication Disorders(NIDCD), NIH, U.S. Department of Health and Human Services.

Sigler, R.S., and Alibali, M.W.(2005). *Children's Thinking* (4th ed). NJ: Prentice Hall.

Tai, Y.(2014). The application of body language in English teaching. *Journal of Language Teaching and Research*, 5(5), 1205-1209. Finland: Academy publisher.

Vallotton, C.(2016). Signing with babies and children: A summary of research findings for parents and professionals. Two Little Hands Productions.
  http://c445781.r81.cf0.rackcdn.com/wp_SigningwithBabies&Children.pdf

絵本を使った読み書きの指導

Beech, L. W. (2007). *Sight word readers: Learning the first 50 sight words is a snap!* New York, NY: Scholastic.

Charlesworth, L. (2010). *First little readers guided reading level B: 25 irresistible books that are just the right level for beginning readers.* New York, NY: Scholastic.

Charlesworth, L. (2010). *First little readers guided reading level C: 25 irresistible books that are just the right level for beginning readers.* New York, NY: Scholastic.

Martinez, M., Roser, N. L., and Strecker, S. (1998-99). "I have never thought I could be a star": A reader's theater ticket to fluency. *The Reading Theater,* 52(4), 326-334.

Pellegrini, A. D., Galda, L., Perlmutter, J., and Jones, I. (1994). *Joint reading between mothers and their Head Start children: Vocabulary development in two text formats* (Reading Research Report No. 13). Athens, GA and College Park, MD: National Reading Research Center.

Pressley, M. (2006). Reading instruction that works: The case for balanced teaching (3rd ed). New York, NY: The Guilford Press.

Sanders, N. I. (2001). *25 read and write mini-books that teach word families.* New York, NY: Scholastic.

Schecter, D. (2010). *First little readers guided reading level A: 25 irresistible books that are just the right level for beginning readers.* New York, NY: Scholastic.

Stahl, S.A. (2003). What do we expect storybook reading to do? How storybook reading impacts word recognition. In A. van Kleeck, S. A. Stahl and E. B. Bauer (eds.), *On reading books to children: Parents and teachers,* 363-383. Mahwah, NJ: Lawrence Erlbaum and Associations, Publishers.

索 引

あ行

アセスメント／評価（assessment/ evaluation） — 55
アメリカ手話（American Sign Language：ASL） — 46
アリタレーション（alliteration） — 21
アルファベットの音読み — x, 26
アルファベットの原則（alphabetic principle） — 21
アルファベットの名前読み — x, 26
一斉読み（choral reading） — 51
英語のリズム — 42
OECD国際成人力調査（PIAAC） — 5
落ちこぼれ防止教育法（No Child Left Behind Act: NCLB） — 8
音韻認識（phonological awareness） — 8
音節（syllable） — 5, 17
オンセット（onset） — 18
音素認識（phonemic awareness） — 8, 16
音読（read aloud） — 51

か行

開音節 — 22
「外国語科」 — 14
「外国語活動」学習指導要領 — 14
科学的な読みの研究（scientifically based reading research） — 8
学習到達度調査（PISA） — 6
活動型・教科型 — 14
考えていることを声に出す読み（think aloud reading） — 50
観点別学習状況の評価 — 54
強勢（ストレス） — 42
共有リーディング（shared reading） — 51
形成的評価（formative assessment） — 55
継続音 — 21
語彙力 — 19
コーラル・リーディング（choral reading） — 51
国際数学・理科教育動向調査（TIMSS） — 6
コミュニケーション・ストラテジー — 45

さ行

サイトワード — 32
サンセリフ体 — 33
ジェスチャー — 44
視覚で表すフォニックス（visual phonics） — 47
識字率 — 5
思考力 — 11
小学校英語活動実践の手引き — 10
小学校外国語活動実施状況調査 — 11
小中連携 — 15
シラブル（syllable） — 5, 17
身体化された学び（embodied Learning） — 44
ストーリー・テリング（storytelling） — 48
ストレス（強勢） — 42
セファール（CEFR） — 57
セリフ体 — 33

195

総括的評価（summative assessment）—— 56
空書き（air writing）—— 34, 45

た行

体系的・系統的 —— 14
短母音 —— 22
チャンツ —— 30, 42
長母音 —— 22
ドルチ・ワード・リスト（Dolch Word List）
—— 32

な行

ナーサリーライム（nursery rhymes）—— 40
日本語のリズム —— 42

は行

拍（mora）—— 42
発達段階に合った指導 —— 15
フォニックス（phonics）—— 8, 25
ふり返り —— 58
ブレンディング（blending）—— 8
ペア・リーディング（paired reading）—— 51
閉音節 —— 22
閉鎖音 —— 21
ホール・ランゲージ（whole language）
—— 25, 31

ま行

モーラ（mora）—— 42
文字指導 —— 2, 24
文字の認識（print awareness）—— 8

や行

誘導リーディング（guided reading）—— 49
読み聞かせ（storybook reading）—— 37, 47
4技能で統合的な活動・4技能を扱う言語活動 —— 14

ら行

ライミング（rhyming）—— 8
ライム（rhyme）—— 21
リーダーの劇場（reader's theater）—— 51

A-Z

American Sign Language（ASL）—— 46
Early Reading First —— 8
Even Start —— 8
National Reading Panel —— 19
Reading First —— 8

〈著者紹介〉

田中真紀子（たなか・まきこ）

神田外語大学外国語学部英米語学科教授。教育学博士。神田外語大学児童英語教育研究センター副センター長。

上智大学卒業後、上智大学大学院よりMA（修士号）、カリフォルニア大学サンタバーバラ校よりMA（修士号）、同大学よりPh.D.（博士号）を取得。専門は教育学（英語教育、児童英語教育）、応用言語学。

「神田外語大学児童英語教員養成課程」を開発し、現在プログラム責任者。

小学校の文部科学省指定研究開発学校の指導運営委員や、市の英語教育推進事業の有識者代表などを務める。また県や市の教育委員会、外国語部会委託で、小中学校の教員研修なども行う。

主な著書に、『はじめてのTOEFL ITPテスト完全対策　改訂版』（旺文社）、『英語のプレゼンテーション〈スキルアップ術〉』（研究社）など。

・・

小学生に英語の読み書きをどう教えたらよいか

2017年3月1日　初版発行

著　者　田中真紀子
発行者　関戸雅男
発行所　株式会社 研究社
　　　　〒102-8152 東京都千代田区富士見2-11-3
　　　　電話　営業 03-3288-7777 ㈹
　　　　　　　編集 03-3288-7711 ㈹
　　　　振替 00150-9-26710
　　　　http://www.kenkyusha.co.jp/
印刷所　研究社印刷株式会社

KENKYUSHA
〈検印省略〉

©Makiko Tanaka, 2017
装丁・本文レイアウト　ナカグログラフ（黒瀬章夫）
イラスト　髙田シーナ
ISBN 978-4-327-41097-1　C3082　Printed in Japan